Samy Molcho
Körpersprache

Mit Fotografien
von Thomas Klinger und Hans Albrecht Lusznat

Mosaik Verlag

Fotos: Thomas Klinger und Hans Albrecht Lusznat, München
Felicitas Timpe, München (S. 12, 13, 14, 15 und 17)
Layout: Paul Wollweber
Redaktion: Sigrid Bleuel

© 1983 Mosaik Verlag GmbH, München 1984 / 9
Satz: Filmsatz Schröter GmbH, München
Druck und Bindung: Mohndruck Graphische Betriebe GmbH, Gütersloh
ISBN 3-570-04973-6 · Printed in Germany

An meine Eltern, die mich erzogen
und mir freie Entfaltung ermöglicht haben,
die ihren Willen nicht zu dem meinen gemacht
und mich gelehrt haben, ein freier,
für sich selbst verantwortlicher Mensch zu sein.

An meine Frau, deren Liebe mir nie eine Fessel ist
und mir ermöglicht,
wahre Gefühle zu zweit,
frei vom eigenen Ego, zu erleben.

Inhalt

Unsere erste Sprache 9

I   Der Körper ist der Handschuh der Seele 20

Der Bauplan
   des Organismus 22
Was heißt das überhaupt:
   Information? 28
Frühe Reize 32
Reize und Werte 38
Atmung und Rhythmus 45
Gefühl und Emotion 49
Lernen und Werten 53
Beschreibung und Sprache 56
Individualität und Normalität 59

Die bedingten Reflexe 63
Selbstbewußtsein 67
Der aufrechte Gang 71

II   Zeichen und Signale 74

Haltung 74
Standpunkte 75
Die Körperhälften 82
Gangarten 84
Der Schritt 88
Fußbewegungen 90
Sitzen 93
Sitzordnungen 94
Sitzarten 101
Brust und Atmung 109
Kopf und Hals 111
Die Augen 116
Der Mund 128
Die Hände 140
Die Finger 171

Umgangsformen 179
Territorialverhalten 185
Kampfsignale und Imponier-
   gehabe 186
Gebietsmarkierungen 189
Hierarchische Signale und
   Statussymbole 199
Zum Beispiel: Ein Tisch 204
Rituale 206
Begrüßungen 207
Handreichungen 208
Mahlzeiten 211
Rollenfunktionen 213
Kleidungscodex 220
Schlußwort 223

Unsere erste Sprache

Wir verwenden Zeit und Energie, um neben unserer Muttersprache noch weitere Sprachen zu lernen. Körpersprache ist mit der Zeit zu einer Fremdsprache geworden. Fremdsprachen müssen nicht gelernt werden, aber wir kommen weiter, wenn wir sie beherrschen. Wir vermindern die Gefahr von Mißverständnissen. Es ist mir unerklärlich, warum wir nie die Zeit haben, unsere Primärsprache, nämlich die Sprache unseres Körpers, zu verbessern. Da sich niemand des Kommunikationsmittels Körpersprache entziehen oder sie unterdrücken kann, ist es von wesentlichem Nutzen, sie zu lernen – gibt sie uns doch wichtige Informationen über die innere Haltung und Einstellung unserer Mitmenschen.

Wenn wir offene Sinne und ein waches Auge für die Signale und Kommentare unserer Körpersprache haben, können viele Gespräche und Begegnungen leichter und erfolgreicher verlaufen. Die Kenntnis der Körpersprache, des lautlosen Frage- und Antwortspiels in unserem körperlichen Verhalten, öffnet direktere Wege zueinander und einen freieren Umgang miteinander. In manchen sprach-losen »Augen-blicken« spüren wir das ja auch: Da sagt ein Blick, eine Wendung des Kopfes, eine er-greifende Geste, eine abwehrende Gebärde mehr als tausend Worte.

Man kann in der Entwicklung eines Kindes verfolgen, wie das naturgemäße Verhalten des Säuglings allmählich dem Körperverhalten angepaßt wird, das in seiner Familie von ihm erwartet wird. Sonst wird es nämlich in dem Körper-Sprachgebrauch dieser Familie nicht richtig verstanden. Der Vorgang ist im Grunde immer gleich und läuft meist auf ähnliche Grundmuster hinaus. Das Kind eignet sich die Körper-Umgangs-Sprache an. Doch je nach der Eigenart von Mutter, Vater und Geschwistern und den Bedingungen, die ihr Miteinanderleben regeln, gibt es dabei unzählige individuelle Varianten.

Auch Jugendliche entwickeln in ihren Lebenskreisen einen eigenen Code der Körpersprache, in der sie sich oft sehr viel genauer und eindeutiger darstellen als in Worten. Auch ihr Widerstand und Widerspruch gegen geltende Normen und Regeln drückt sich viel stärker durch Körperverhalten als durch Sprache aus. Man sieht das an ihrer lässigen Umgangsweise untereinander wie an ihrem »demonstrativen« Verhalten im Umgang mit Erwachsenen. Eltern, Lehrer und

Politiker erklären das dann einfach für »schlechtes Benehmen« und empören sich darüber. So kommt es häufig zu Spannungen und sogenannten Generationskonflikten nur deshalb, weil wir mit diesen Signalen des Körpers nicht umzugehen verstehen und sie falsch auslegen. Wenn ein Jugendlicher eine weg-werfende Handbewegung macht und dabei kurz die Schultern hochzieht, wird das von seinen Altersgenossen ganz locker als Ankündigung eines Einwandes verstanden. Die Mutter oder der Lehrer aber sehen darin eine verächtliche oder aggressive Geste und gehen in die Luft. Eine Fehldeutung wird zum Konflikt.

Dabei ist der Grund dieses Mißverständnisses leicht zu erkennen: Die Körpersprache der Erwachsenen folgt einem anderen Code. Fast alle Erwachsenen haben an ihrem Arbeitsplatz im Betrieb und Büro ebenso wie in ihrer gesellschaftlichen Rolle ganz bestimmte, fest umrissene Erwartungen zu erfüllen. Für einen Fabrikarbeiter gelten andere Verhaltensregeln als für einen Abteilungsleiter, für einen Arzt andere als für einen Trambahnschaffner. Diese Erwartungen und Normen prägen auch ihre Körpersprache: Sie ist auch Spiegel der sozialen Rollen.

Die Sprachwissenschaftler und Soziologen sprechen von einem »restringierten Code«, einem eingeschränkten Sprachschatz und Sprechvermögen, an dem man die Schichtenzugehörigkeit und die soziale Position eines Menschen erkennen kann. Ebenso am »elaborierten Code«: den benutzen Menschen, die in der Regel aus wohlhabender Familie stammen, größere Bildungsmöglichkeiten besaßen und eine berufliche Stellung erlangen, die ihnen einen reichen Wortschatz und ein differenziertes Sprachverhalten vermitteln – und erlauben.

Man kann diese Merkmale auch auf die Körpersprache übertragen. Es geht freilich nicht darum, daß man wie in Robert Lemkes Beruferaten die Profession eines Menschen aus einer Handbewegung erkennt. Aber der soziale Status, die Rangordnung und Selbsteinschätzung innerhalb einer Gruppe und deren Struktur, die gesellschaftliche Stellung von Menschen läßt sich aus ihrer Körpersprache erschließen.

Man kann die »passende« Körpersprache lernen und tut das, meist unbewußt, ein Leben lang. Aber eines bleibt immer: Unsere Körpersprache ist deutlicher als die der Wörter. »Man hat seinen Körper nicht so unter Kontrolle«, sagt eine Binsenweisheit. Unser Körper reagiert immer auch spontan und kann sich nicht so verstellen, wie das unsere Wörter tun. Der Körper ist primär – nicht das Wort.

Ich erfahre das als Künstler in einer Intensität, die sicherlich dem natürlichen Erleben der meisten Menschen fremd ist, nur gelegentlich als verwirrende Erscheinung aufblitzt. Gute Schauspieler,

sehr gute, entwickeln allerdings diese Fähigkeit: Daß ihr Körper und nicht ihr Kopf eine Gestalt erstehen läßt, in der ihre Individualität und ihre Gewohnheiten aufgehoben sind.

Als Pantomime studiere ich eine Figur und einen Typus, ihre Situation und ihre Reaktion. Ich vergleiche sie mit dem Wissen, das ich mir angeeignet, und den Beobachtungen, die ich erfahren habe; prüfe, wie sie auf diese Figur und diese Situation treffen. Ich versuche, diese Wahrnehmungen wieder in eine Gestalt umzusetzen, aus ihrer Wirklichkeit wieder Leben zu formen, Charakter. Dabei hilft mir, daß ich anders als das »Original« – das Bei-spiel oder Vor-bild – um die Bewegung meiner Nerven und Muskeln weiß, den Fluß meiner Körperspannung und ihr Zusammenwirken kenne und sie bewußt steuern kann: denn dies ist mein Handwerk und mein Metier. Ich mache mich durch die Sprache meines Körpers zum Bei-spiel oder Ab-bild dieses Charakters.

Und dabei tritt eine Wirkung ein, die sehr natürlich ist, uns aber aus der Unkenntnis des Signalcharakters und des Rückkopplungseffekts körperlicher Haltungen merkwürdig scheint: Ich, der

Man kann die Körpersprache und ihre Signale bewußt machen. Dazu gehört Kritik an sich selbst und Toleranz gegenüber anderen.

Pantomime, werde neben mir zum Bild dieser Figur. Ich ahme nicht nur die eigenartigen Gesten und Gebärden dieses Charakters nach. Ich vollziehe auch Gedanken, Gefühle und Emotionen dieser Person nach. Ich steuere in bewußter Einschätzung ihrer Eigenart durch Hirn- und Nervenzellen ihre Muskelreaktionen und werde dann selbst in meiner körperlichen Identität durch die Rückmeldungen aus diesen Sinnesorganen bestätigt oder widerlegt. Nachdrücklicher, überzeugender und genauer als durch Informationen und Beobachtungen der Außenwelt werde ich durch die Erfahrungen und Reaktionen meines eigenen Körpers über die Abhängigkeiten und Nuancen menschlichen Verhaltens belehrt.

Vier Temperamente
Samy Molcho als

Der Choleriker *Der Melancholiker*

 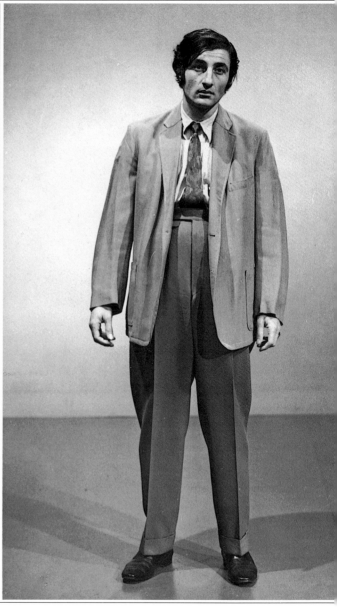

Ich habe in meiner Lehrtätigkeit an der Wiener Hochschule für Musik und Darstellende Kunst am Max-Reinhardt-Seminar und erst recht in Manager-Trainings-Kursen über die Bedeutung von Körpersprache oftmals die Frage gehört: Wozu denn das tauge und wofür es nutze?

Schauspielern kann man das rasch erklären, für sie gehört das zum beruflichen Instrumentarium. Junge Menschen, zumal wenn sie außer intellektuellem Engagement auch noch sensible Fühler besitzen, begreifen meine Antwort ebenso schnell: Es ist ein Weg, sich selbst und andere besser zu verstehen.

Doch sie fragen zu Recht auch kritisch: Was tust du da, Samy

Der Phlegmatiker   *Der Sanguiniker*

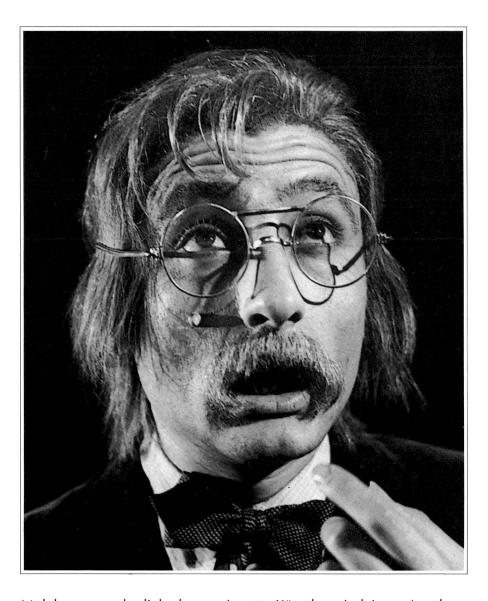

Ein Professor für transzendentale Logik

Molcho, wenn du dich als prominenter Künstler mit deinem Ansehen und deinen Kenntnissen auch noch Wirtschaftsbossen zur Verfügung stellst – damit sie ihre Untergebenen und ihre Kunden besser konditionieren können?! Ich antworte darauf: nein, dreimal nein. Sie sollen sie besser begreifen, und das verlangt zuerst, daß sie die Sprache ihres eigenen Körpers erlernen – dann wird man bescheidener und hoffentlich ein bißchen menschlicher.

Ich will das mit einem Gespräch aus einem solchen Manager-Seminar illustrieren. Da kommt selbstverständlich zuerst die Frage: Wie soll *ich* mich richtig verhalten, wie kann ich *andere* besser manipulieren; welche Handlungsanleitungen haben Sie zu bieten, welche Erfolgsgarantien? Meine Antwort: Ich habe keine Rezepte. Weder für geschäftlichen Erfolg noch für beruflichen oder sozialen Aufstieg und auch nicht für privaten Einklang oder individuelle Harmonie. Doch

Ein Musterbürger

ich bin der Überzeugung, daß wir unser Leben uns selbst verständlicher und den anderen begreiflicher gestalten können, wenn wir auf unsere und der anderen Körpersignale zu achten lernen. Dabei haben wir freilich eine enorme negative Chance, eine Gefahr: Die Erweiterung unseres Wissens voneinander abermals zur Erweiterung von Macht, zu sozialer Manipulation zu nutzen.

Ich denke: Die Erweiterung unseres Wissens ist zunächst einmal immer ein Gewinn und frei von moralischen Wertungen. Es kommt dann und immer darauf an, was man sucht. Ich versuche, mich und andere durch die Körpersprache besser zu verstehen und mehr menschliche Nähe zu finden. Dafür gibt es keine Rezepte. Das muß man mit jedem Partner, mit jedem Gegenüber neu lernen. Ich will Ihnen helfen, seine Signale besser zu verstehen und selbst darauf offener zu antworten.

Denn für uns Menschen gibt es immer zwei Kommunikationsebenen. Die eine ist verbal: Den Inhalt einer Information vermitteln wir durch das gesprochene Wort. Die zweite Ebene ist nonverbal: Körpersprache. Das subjektive Erlebnis dieser Gesprächssituation und die Gefühle und Einstellungen, die wir mit dieser Information verbinden, artikulieren wir selten durch Worte — aber sie sind in unserem Körperverhalten durch bestimmte Signale erkennbar. Es ist wichtig, *beide* Kommunikationsebenen richtig zu verstehen. Denn oft bleibt eine wichtige zusätzliche Information unausgesprochen oder es gibt gar einen Widerspruch zwischen dem Gesagten und dem Gemeinten, der Verwirrung und Mißverständnisse stiftet. Ich will das in zwei Beispielen zeigen.

Ein Kind möchte spielen gehen. Die Mutter sagt: »Aber natürlich, mein Schatz!«, beugt sich zu ihm hinunter, umfaßt es bei den Schultern, gibt ihm einen Kuß und schiebt es mit einem Lächeln in Richtung Garderobe. Das Mädchen weiß: Mutter erlaubt es gern; sie bedeutet mir, auf mich aufzupassen, und erinnert mich, eine Jacke überzuziehen.

Die gleiche Situation und die Antwort: »Selbstverständlich kannst du spielen gehn!« Und während die Mutter das sagt, hebt sie die Schultern (Verteidigungsstellung), läßt sie wieder fallen (Zeichen der Resignation), ihr Kopf zieht sich zurück, und Mund und Gesicht drücken Abwehr aus. Auf welche Information soll das Kind jetzt reagieren? Und wie fühlt es sich wohl, wenn es spielen geht?

Hier liegt ein klarer Widerspruch vor, und er ist auch für das kleine Mädchen ziemlich leicht zu erkennen. Doch leider gibt es viele Signale, die man nicht sofort registriert, die man sich erst bewußt machen muß. Man reagiert auf sie dennoch, denn der Körper ist unfähig, nicht zu kommunizieren. Aber dann entstehen Spannungen und Verkrampfungen, deren Ursprung verborgen bleibt.

Jeder Mensch wirkt durch seine Haltung und sein Verhalten auf seine Umgebung wie ein Reiz oder ein Reflex. Die anderen reagieren darauf positiv oder gleichgültig. In jedem Fall aber gibt es eine Rückkopplung, ein Feedback. Wir können das auch an unseren eigenen Reaktionen feststellen. Das ist ein Grund mehr, auf die Reize zu achten, die wir selbst aussenden.

Es passiert doch nicht selten, daß wir jemanden aggressiv nennen oder eingebildet, weil wir ihn eben so empfinden. Zugleich wissen wir aber von Dritten oder durch eigene Beobachtung, daß dieser Mensch Humor hat, Zärtlichkeit zeigen kann, Vertrauen weckt. Muß dann nicht die erste Frage sein: Kann es nicht an mir liegen? Vielleicht sende ich Reize, die ihn aggressiv auf mich reagieren lassen? Wie weit erlebt die Umwelt mich so, wie ich es mir denke?

Natürlich meint jeder von uns, er benehme sich seinem Gesprächspartner gegenüber angenehm und verständig. Dennoch ist die Antwort einmal distanziert, ein andermal aggressiv. Benehme ich mich da nun wirklich angenehm oder löse ich doch durch mein Verhalten die Aggressivität aus? Weil wir unser gewohntes Verhalten nicht bewußt registrieren, nehmen wir diesen Rückkopplungseffekt als einen solchen meistens nicht wahr. Wir sagen: Das ist der andere, er verhält sich so. Und erkennen nicht, daß die Ursache bei uns liegt. Darum sage ich: Ändere deine Einstellung zu den Menschen, und die Menschen ändern ihre Einstellung zu dir.

Der Mensch ist ein Komplex von Wünschen und Widersprü-

Showtime

18

chen. Man muß das im ganzen sehen, um ihn zu verstehen. Das gilt auch für die Sprache seines Körpers. Man darf nicht einzelne Teile interpretieren, denn nur der gesamte Körper gibt uns ein Bild. Da kommt mir einer mit ganz offener Haltung und freiem Blick entgegen – ich denke fast, er könnte mich umarmen. Und dann reicht er mir, nein – er überläßt mir eine Hand, die die Berührung der meinen nicht erwidert, sondern ganz passiv bleibt. Das Zusammenspiel dieser Zeichen sagt mir: Er begegnet mir zwar aufmerksam, doch er legt Wert auf Abstand und wird sich nicht eigentlich »anrühren« lassen.

Ein Schnulzensänger

Körpersignale können auch mehrere Bedeutungen haben. Es hängt davon ab, wer sie aufnimmt, und worauf sich das Interesse des Empfängers richtet. Lächeln ist ein freundliches Signal. Wenn eine zurückhaltende Frau unter zwei Bewerbern schließlich einem ihr Lächeln schenkt, so ist es für ihn ein Zeichen der Zustimmung und für den Rivalen ein Zeichen der Zurückweisung. Wenn sie gleichzeitig dem Rivalen die Hand auf den Arm legt, so kehrt sie diese Bedeutung wieder um, sie agiert mehrdeutig. Und außerdem ist die junge Dame kokett und raffiniert. Es kommt eben immer darauf an, alle Daten in der jeweiligen Situation aufzunehmen und richtig zu deuten.

Ich hoffe nur, daß es dabei keinem von uns so geht wie dem Professor, der mit einem Floh experimentierte. Er riß ihm ein Bein aus, rief: »Spring!« Und der Floh sprang. So trug er es auch in seine Kladde ein. Beim zweiten, dritten und vierten Bein war es nicht anders. Dann kam das nächste an die Reihe.

Doch der Floh reagierte auch auf Zuruf nicht. Der gelehrte Mann hielt als Erkenntnis fest: »Wenn man einem Floh das fünfte Bein ausreißt, verliert er das Gehör.«

Mir geht es darum, die Kommunikation zwischen Menschen zu verbessern. Ich glaube, daß wir in Harmonie miteinander leben können – in der Familie und im Beruf, im geselligen Kreis und in geschäftlicher Begegnung. Wir müssen dafür lernen, in einer Weise miteinander umzugehen, die beiden Seiten Zufriedenheit und Selbstgefühl bestätigt. Jedes Konkurrenzverhalten, das sich an den kränkenden und verletzenden Zielen »Sieger und Verlierer« orientiert, ist schlimmer als das billigste Wildwestfilm-Klischee. Dort weiß man wenigstens, daß der Sieger immer edelmütig und der Verlierer ein Schurke ist. Im Leben ist es meist anders, und die Opfer sind zahlreicher. Man kann sich zu Tode siegen, sagt eine beherzigenswerte Weisheit. Im Westernfilm ist das der Held, der einsam in die Prärie entreitet. Er verläßt die städtische Gemeinschaft. Wo finden wir im Leben neue Partner, Freunde, Kunden, wenn wir alle mit unsrer Überlegenheit erschlagen und mit unseren Aggressionen verprellt haben?

Jeder von uns will, daß man ihn wahrnimmt und respektiert. Respektieren heißt anerkennen und wörtlich »zurückblicken«, den Blick zurückgeben. Wahrnehmen bedeutet zuerst, Körpersignale und Verhalten zu erkennen. Kommunizieren heißt, sie richtig zu interpretieren und verständlich zu antworten. Dazu braucht man den Kopf, aber es geht aus vom Herzen – das Signal wie die Antwort unseres Körpers.

I Der Körper ist der Handschuh der Seele

Ich glaube nicht an den Dualismus von Körper und Seele. Beide sind voneinander untrennbar. Wir müssen uns nur die einfache Frage stellen: Habe ich einen Körper oder bin ich mein Körper? Für mich ist die Antwort klar: Solange ich lebe und mit anderen lebendig kommuniziere, bin ich mein Körper. Die englische Sprache hat für diese Identität eindeutige Begriffe. »Somebody« *ist* jemand, »nobody« ist *niemand.* Ohne Körper keine Existenz und kein Begriff von uns selbst.

Nein, ich möchte keine theologischen Streitfragen und schon gar keine Glaubensfragen aufwerfen. Es ist jedermanns eigene Entscheidung, seinen Glauben, seine Lebens- oder Todesanschauung aufzubauen.

Ich spreche von Beweisbarem und Erfahrbarem, von meinem Körper. Und es fällt mir auf, daß viele Religionen uns das »Paradies« erst nach dem Tode versprechen. Soll das heißen, daß unser Leben auf der Erde keine Erfüllung finden kann? Daß wir leiden müssen, solange wir Körper sind? Man spricht von der Sünde des Fleisches, von der Begierde des Leibes – alles, was den Wünschen unseres Körpers entspricht, scheint vom Fluch der Lasterhaftigkeit bedroht, bis hin zur Erbsünde. Liegt hier nicht der Grund unserer negativen Einstellung zum Körper und zum Leben? Ist hier nicht eine Ursache unserer Schwierigkeit, unseren Körper anzunehmen und frei und selbstbewußt in unserer Körperlichkeit zu leben? Wir rufen in der Not: »Rettet unsere Seelen« – und meinen doch, rettet unsere Körper, damit wir leben können. Nur in der Religion und in der Poesie ist unser Körper von unserer Seele zu trennen.

Doch selbst da sind die tiefsten Symbole und bewegendsten Bilder nicht vom körperlichen Ausdruck zu lösen: »Der Leib des Herrn« ist ein solches Beispiel von tiefem Sinngehalt. Oder Hölderlins hymnisches Bekenntnis: »O heilig Herz der Völker, o Vaterland!«

Oder Eichendorffs sehnsuchtsvoller Vers: »Und meine Seele spannte weit ihre Flügel aus, flog durch die stillen Lande, als flöge sie nach Haus.«

Empfindung und Wirklichkeit, Sein und Seele sind in der menschlichen Vorstellung kaum zu trennen.

Was wir sind, sind wir durch unseren Körper. Der Körper ist

Der Körper ist der Handschuh der Seele: Mit wacher Sensibilität und Fingerspitzengefühl zu erfassen.

der Handschuh der Seele, seine Sprache das Wort des Herzens. Jede innere Bewegung, Gefühle, Emotionen, Wünsche drücken sich durch unseren Körper aus. Was wir Körperausdruck nennen, ist der Ausdruck innerer Bewegungen.

Wir nehmen uns selbst und unsere Umwelt nur durch unseren Körper wahr. Nervensystem und Sinnesorgane senden diese Wahrnehmungen als Reize weiter an das Gehirn, und dort werden sie auf zweierlei Weise registriert: Einmal als Geschehen und zum zweiten als angenehm oder unangenehm. Es gibt für uns keine andere Form der Wahrnehmung, und darum müssen wir uns zuerst erklären, wie dieser Organismus »Körper« funktioniert, damit wir auch verstehen, wie er reagiert. Nur das gründliche Verständnis des Systems unseres Organismus gibt uns die Möglichkeit, die Bausteine der Körpersprache zu erfassen.

Der Bauplan des Organismus

Der menschliche Organismus baut sich durch das Zusammenwirken zweier Komponenten auf: Energie und genetische Information. Den Energiespeicher kennzeichnen wir mit dem Kürzel ATP. Beim Abbau der Nahrungsstoffe wird Energie frei, die zur Bildung von Adenosintriphosphat (ATP) genutzt wird. Die in dieser Phosphatbindung enthaltene Energie steht der Körperzelle für ihre Arbeit zur Verfügung und kann entweder zur Synthese zelleigener Bestandteile verbraucht werden oder in andere Energieformen umgewandelt werden – zum Beispiel zur Bewegung (Kontraktion) der Muskeln. Dieses organische »Kraftwerk« ist schon ein Wunder für sich.

Den Informationsspeicher kennen wir als DNS – das ist die Abkürzung für Desoxyribonucleinsäure. Sie ist in den Chromosomen jeder Zelle enthalten, die Gene bestehen daraus. Die Moleküle der DNS sind in der Form einer doppelten Schraube gebunden (Doppelhelix) und beinhalten den gesamten Bauplan unseres Organismus und alle notwendigen Informationen zur Selbsterhaltung. Diese Nucleinsäure-Ketten haben beim Menschen bis zu zwei Milliarden Zeichen! Das DNS-Molekül teilt sich in zwei Hälften, und jede dieser Hälften ergänzt sich wieder durch frei Nucleotide in genau derselben Reihenfolge. Identische Reduplikation nennt man diese phantastische Fähigkeit, über Millionen von Zellgenerationen genau dieselben Informationen in genau derselben Reihenfolge weiterzugeben. Jede einzelne unserer hundert Billionen Körperzellen enthält den ganzen genetischen Code, die gesamte Betriebsanleitung unseres Organismus. Und durch die Gene mit ihren 46 Chromosomen vererben wir diesen Code wieder: 23 väterliche und 23 mütterliche Chromosomen fügen sich zur genetischen Prägung des Kindes zusammen. Durch diese genetische Information ist unser Organismus in seiner Einmaligkeit festgelegt, unsere Individualität geprägt. Sie steuert nach dem Gesetz ihrer einmaligen Anordnung Wachstum und Entwicklung, die Eigenschaften, die unsere Bedürfnisse stimulieren und unsere Eigenart bestimmen.

Damit haben wir erst einmal die Grundkomponenten unseres organischen Systems fixiert. Jetzt wollen wir sehen, wie unser Körper arbeitet, wie er reagiert und agiert.

Das Nervensystem dient dazu, Meldungen zu empfangen und zu transportieren. Das geschieht durch chemische Reaktionen und elektrische Impulse. Die Zentrale, die alle Meldungen erhält und Kommandos weitergibt, ist unser Gehirn. Das Gehirn antwortet darauf mit Signalen, die den Organismus auf Notwendigkeiten oder Bedürfnisse aufmerksam machen. Man hat Durst und muß trinken. Man empfindet Angst und will fliehen. Für diese Antworten setzt das Gehirn wiederum chemische und motorische Aktionen in Gang. Entsprechend diesen Aufgaben kann man das Nervensystem in zwei Funktionsgruppen unterscheiden:

▷ die eine Gruppe übernimmt Meldungen durch die Sinnesorgane (sensorisch und sensibel);

▷ die andere Gruppe gibt motorische Reize, die wir als Muskelbewegung erkennen.

Das kann doch nicht alles sein, könnte man jetzt einwenden. Der Mensch atmet, ohne nachzudenken. Die Verdauung funktioniert. Das Blut zirkuliert. Damit hat doch das Gehirn nichts zu tun. Nur langsam.

Die Biokybernetik – das ist eine vergleichende Wissenschaft, die Regel- und Steuerungsvorgänge in organischen Systemen untersucht – hat aufgedeckt, daß auch im menschlichen Organismus Prozesse ablaufen, deren Gesetzmäßigkeit uns aus technischen Systemen wohlvertraut ist. Sie spricht nämlich von einem »geschlossenen System« und einem »offenen System«, welche die Funktionen des Körpers regeln und steuern.

Im geschlossenen System sind feste Sollwerte vorgegeben, deren Einhaltung automatisch reguliert wird. Dazu gehört ein »Fühler«, der den Istwert mißt, ein »Regler«, der den Istwert mit dem Sollwert vergleicht, und ein »Stellglied«, das die Abweichung vom Sollwert korrigiert. Der Fühler meldet den jeweiligen Stand dem Regler, der bei Erreichen des Istwertes das Stellglied wieder in Ruhe bringt. Jedem von uns ist dieser Regelungsmechanismus im geschlossenen System aus der Raumheizung bekannt. Man stellt eine gewünschte Zimmertemperatur von 22 Grad ein, den Sollwert. Alles weitere geschieht ohne unser Zutun: Der Thermostat »fühlt« den Istwert, der mit dem Sollwert verglichen wird, und wenn die Temperatur zu niedrig ist, wird durch ein Stellglied der Brenner in Gang gesetzt und erst abgeschaltet, wenn nach Meldung des Thermostaten Istwert und Sollwert wieder übereinstimmen, die Temperatur von 22 Grad erreicht ist.

Unser Körper reguliert seine Temperatur nach demselben Prinzip. Entscheidend ist nicht die Hauttemperatur, sondern die Bluttemperatur – wir können sie mit dem Thermometer messen. Der lebensnotwendige Sollwert ist 36,5 Grad. Steigt die Temperatur darüber an – der Körper ist erhitzt oder er reagiert mit Fieber auf eine Erkrankung –, so wird automatisch ein Kühlprozeß eingeleitet. Wir beginnen zu schwitzen, und durch die Verdunstung an der Hautoberfläche entsteht Feuchtigkeit, die die Körpertemperatur senken soll. Wenn umgekehrt die Temperatur sinkt, und wir frieren, fängt der Körper an zu zittern: dadurch erzeugt er Wärme. Ob diese Reaktion jeweils ausreicht, den Normalzustand von 36,5 Grad wiederherzustellen, ist eine andere Frage – solange es nicht gelingt, ist unser Organismus gefährdet.

Entscheidend ist, daß unser Körper auf die Differenz von Sollwert und Istwert sofort reagiert, und zwar ohne unsere bewußte Ein-

Annäherung – Abweisung (v. links n. rechts)

Seinem abschätzenden Blick begegnet sie mit Demutskoketterie. Hände und Arme fesseln die Geschlechtsteile.

Sein Desinteresse drückt sich durch die Haltung der Brust aus. Die Hände schützen sein Geschlechtsteil. Sie reagiert darauf mit Abwendung.

Sein kokettes »Brav-Sitzen« zieht ihre Aufmerksamkeit an.

Sein Zurückweichen ist ausgelöst durch ihre aggressive Drohgeste: Während sie mit ihm flirtet, richtet sich ihre Fußspitze gegen seinen Unterleib.

Seine rechte Hand signalisiert Besitzergreifung; gleichzeitig wehrt der linke Ellbogen eventuelle Rivalen ab.

Sie akzeptiert vergnügt, »unter seiner Hand« zu sein.

wirkung. Ja noch mehr: Der geschlossene Kreis dieses Regelungssystems ist von uns bewußt nicht zu beeinflussen. Die Natur verläßt sich nicht auf das Bewußtsein des Menschen. Wenn wir versuchen, dieses System zu stören, indem wir beispielsweise den Atem anhalten oder die Ausscheidung unterdrücken – es geht nicht. Wir fallen in Ohnmacht, das Bewußtsein wird damit ausgeschaltet und der Organismus funktioniert autonom, führt der Lunge Sauerstoff zu – man atmet. Und im andern Fall machen wir unvermeidlich irgendwann in die Hose.

In diesem Regelsystem ist noch eine Raffinesse eingebaut. Es funktioniert nach Prioritäten, deren Reihenfolge nach den primären Lebensnotwendigkeiten in der jeweiligen Situation bestimmt wird. Dagegen können wir nichts unternehmen. Wenn wir in eine Feuersbrunst geraten, möchten wir so schnell wie möglich wegrennen. Aber der Körper gerät durch Panik und Anstrengung in Atemnot. Er zwingt uns, trotz des Bewußtseins der Gefahr stehenzubleiben und die Atemnot – Abweichung des Istwertes vom Sollwert – zu korrigieren.

Die Beispiele zeigen, wie gering unsere Möglichkeiten sind, in die Steuerung des geschlossenen Regelsystems einzugreifen. Wir können wohl mit viel Mühe und Konzentration, etwa durch autogenes Training, die Geschwindigkeit unseres Atmens verlangsamen oder unseren Kreislauf beruhigen. Doch das sind minimale Veränderungen. Was für das Funktionieren des Organismus lebensnotwendig ist, bestimmt das geschlossene System.

Im offenen System ist es anders. Hier steuern und regeln wir durch mehr oder minder bewußte Vorgänge unser Körperverhalten. Das Gehirn setzt die Sollwerte, die Ziele des Verhaltens. Sensible Nervenzellen und die Sinnesorgane (die »Fühler«) nehmen innere und äußere Reize wahr und leiten sie über sensorische Nerven zum Gehirn. Dort werden Istwert und Sollwert verglichen und korrigierende Befehle über motorische Nervenbahnen an die Muskeln gegeben, die entsprechende Bewegungen ausführen. Der ganze Körper funktioniert als Instrument unseres Willens. Von entscheidender Bedeutung ist dabei die Information. Nur wenn die Rückmeldung des Istwertes sehr schnell und sehr genau erfolgt, kann der Regler Gehirn sein Stellwerk Körper zum beabsichtigten Sollwert lenken.

Das wird in einem einfachen Vergleich anschaulich. Unser Gehirn operiert nicht anders als der Kapitän eines Schiffes. Er plant seine Route, sie ist der Sollwert. Über diverse Fühler empfängt er die Istwerte, nach denen er den Kurs bestimmt und sein Schiff dirigiert: Entfernung und Abmessungen, Strömungen und Geschwindigkeit, Fahrtrichtung und aufgewandte Kraft der Motoren ... Plötzlich meldet ihm ein Fühler, das Sonargerät: »Riff voraus!« Er gibt den Steuerbefehl »backbord«, und während sein Schiff die Klippe umfährt, prüft er dauernd die Entfernungswerte seines Sonars, um die Kursabweichungen gering zu halten und möglichst bald wieder auf den Ziel-punkt einzuschwenken.

Jeder auf dem Schiff würde spontan protestieren: Was fährst du links, unser Ziel liegt direkt vor uns?! Optisch scheint seine Entscheidung falsch – und dennoch ist sie richtig. Der Kapitän hat eben mehr Informationen aufgenommen und alle zur Verfügung stehenden Werte verwandt, um das richtige Verhalten zu finden, das einzig zum Ziel führt. Hätte er stur den Sollwert eingehalten, die Fülle der Informationen mißachtet oder nicht empfangen – das ganze Schiff wäre unweigerlich gekentert.

Nicht anders ist es in jeder Gesellschaft, in jedem Unternehmen, in jeder Familie. Man entwickelt ein Ziel und den Plan, es zu erreichen. Dann kommen Informationen, nach denen dieser Weg nicht gangbar ist. Man muß die Planung ändern, den Kurs korrigieren, um das gleiche Ziel zu erreichen. Wenn die Bürger diese Ist-werte ignorieren, die Mitarbeiter für eine Korrektur zu unflexibel sind, die Familienangehörigen auf ihren Wunschvorstellungen (Sollwerten) beharren – dann ist der Konflikt unvermeidlich und eine Katastrophe möglich.

Aber wir wollen zu unserem Körperverhalten zurückkehren und an einem ganz simplen Beispiel zeigen, welche Leistung dieses offene Regelsystem da vollbringt. Ich möchte, ohne hinzuschauen ein Glas nehmen: Meine Hand geht daneben. Ich nehme die Augen zu Hilfe. Sie signalisieren: Zu weit rechts – und das Gehirn gibt den Befehl: Mehr links. Oder umgekehrt – bis meine Hand das Glas erreicht. Doch ich habe es noch nicht in der Hand, denn es fehlt das Kommando: Finger darum schließen. Vielleicht kommt es zu früh, weil wir gerade den Blick abwandten: Dann fehlt der Istwert und der Griff geht daneben.

Dieses Beispiel scheint jetzt sehr zerhackt – aber genau so läuft der Vorgang ab! Mit einer elektronischen Kamera, die jede Phase dieser Bewegung aufnimmt, kann man erkennen, daß die Hand tatsächlich ihren Kurs dauernd korrigiert, bis sie das Glas ergreift!

Es ist nach meiner Überzeugung sehr wichtig, daß wir uns dieses ständigen Prüfens und Korrigierens in all unseren Bewegungen bewußt werden. Denn nur dann lernen wir unseren Körper richtig kennen und mit ihm umgehen. Und es macht ja auch Freude, Vergnügen, diese wunderbare Art des Kombinierens zu verfolgen und weiter zu entwickeln. Vielen Spielen gibt dieser Ablauf des Vergleichens und Umsetzens Reiz und Form. Am deutlichsten wohl im Golf – da wird er zu einem richtigen Ritual, das mit einem äußersten Maß an Körperbeherrschung verbunden ist.

Man schaue sich einen Golfspieler an. Seine Lust ist es, einen Hartgummiball von 4 cm Durchmesser mit Hilfe von 10 oder 12 fein abgestuften Schlägern über eine Entfernung von 200 bis 500 Metern möglichst direkt in ein 10 cm großes Loch zu befördern. Treibschlag, Annäherungsschlag, Einputten. Das ist schon eine perfekte Parabel für den Abstimmungsmechanismus eines offenen Regelsystems. Und wieder hängt alles von der richtigen Informationsaufnahme und -verwertung ab. Entfernung, Windverhältnisse, Bodenbeschaffenheit – bis zum Strich des Grases im kurzgeschorenen Green. Je genauer die Istwerte registriert werden, desto präziser die Anweisungen des Gehirns und die Anforderungen an den Bewegungsablauf des Körpers, damit er sich auf die Instrumente Schläger und Ball überträgt und zum Sollwert führt: Das Hole.

Ich finde, das ist ein schönes Lehrbeispiel. Zwischenmenschliche Beziehungen folgen vergleichbaren Gesetzen der Annäherung, ob das nun zu Hause ist oder am Arbeitsplatz. Man hat ein Gesprächsziel, man sucht Übereinstimmung. Das ist der Sollwert, das Hole. Jetzt prüfen wir die Umstände und Atmosphäre unserer Begegnung, die Sätze, die Mimik, die Körperhaltung unseres Partners und die laufende Veränderung dieser Istwerte. Wir stellen unsere Argumente, unsere Miene und unseren Körperausdruck darauf ein, reagieren, um so trotz der abweichenden Komponenten unser Ziel zu erreichen.

Ich glaube, daß wir unsere Möglichkeiten in der Regel ziemlich realistisch einschätzen. Die Erfahrung hat uns gelehrt, die Ziele nicht allzu weit zu stecken. Und für den Fall, daß wir den Sollwert nicht erreichen, haben wir oft eine Auffangposition, ein Ersatzziel vorbereitet, mit dem wir uns zu bescheiden bereit sind. Dennoch können wir auch die oft nicht erreichen. Und ich frage mich: Kann es nicht daran liegen, daß wir mit unseren Informationen nicht richtig umgegangen sind? Vielleicht haben wir nicht alle wichtigen wahrgenommen oder sie falsch eingeschätzt oder selbst mit unstimmigen Informationen geantwortet?

Was heißt das überhaupt: Information?

Wir haben über den Bauplan des Organismus gesprochen. Über den Energiespeicher ATP, aus dem er seine Kraft schöpft, und über den Informationsspeicher DNS, in dem seine Anlagen bis in alle Einzelheiten festgelegt sind. Wir sprachen von dem geschlossenen System, mit dem der Körper seine unbewußten vegetativen Funktionen regelt, und von dem offenen System, mit dem wir bewußte Vorgänge und Bewegungen steuern.

Bestimmt ist manchem aufgefallen, daß ich dabei immer wieder Begriffe verwende, die man in einem Buch über Körpersprache

kaum erwartet: Kommunikation und Information, Speicherung, Über-
mittlung, Verwertung und Rückmeldung. Solche Fachausdrücke ver-
mutet man eher in einem Werk über Fernmeldetechnik oder Rege-
lungsprozesse. Doch gerade diese Gedankenverbindung ist völlig
richtig: Unser Körper, jeder Organismus, ist nicht zuletzt ein groß-
artig organisiertes Nachrichtensystem. Freilich ist diese Fähigkeit
beim Menschen erheblich höher entfaltet als bei einem Insekt oder
einer Amöbe. Aber jedes organische Leben – auch die Pflanze – ist
nur in dem Maße und der Weise lebensfähig, in dem sein Nachrichtensystem entwickelt ist und funktioniert. Weil das nun beim Menschen, dem denkenden Wesen, erheblich komplexer und komplizierter ist, nimmt er auch andere Informationen differenzierter auf als
andere Lebewesen.

　　　Was ist das überhaupt – eine Information? Etwa eine Neuigkeit? Keineswegs, die Welt ist voller »Informationen«, sie sind immer
vorhanden, und wir können uns ihrer Fülle kaum erwehren. Neu sind
sie nur für denjenigen, der sie zum erstenmal wahrnimmt. Sonst sind
es Tatsachen, Zustände, Vorgänge. Das bedeutet: Eine Information

Selektion: Allgemeine Informationen werden blockiert, verwertbare gezielt wahrgenommen.

ist, was wir von der Welt in uns und um uns durch unsere sensiblen und sensorischen Organe aufnehmen.

Dabei gehen wir selektiv vor. Wir wählen aus der Fülle möglicher Informationen jene aus, die wir brauchen oder zu brauchen meinen. Das hat mit unseren Sollwerten zu tun. Wir suchen und vergleichen die Istwerte, die für unsere Körperfunktionen oder gesetzten Ziele von Bedeutung sind. Damit werden sie zur Information. Sie gelangen durch unsere Sinne ins Zentralnervensystem (Gehirn und Rückenmark), wo sie registriert, geordnet und gespeichert werden. Das Resultat dieser Eindrücke und Wahrnehmungen, der Informationen, ist unser Erleben.

Der Sinn der Speicherung liegt natürlich darin, auf die gesammelten Informationen zu reagieren. Sie werden über die motorischen Nervenbahnen in Bewegungen und Handlungen umgesetzt, die dazu dienen, unsere Bedürfnisse, Triebe und Interessen zu befriedigen – also die Istwerte den Sollwerten anzugleichen. Wir sammeln Informationen, die uns nützen – anders wäre es ja auch widersinnig. Ihre Speicherung folgt sogar einer Rangordnung, für die mehrere Kriterien gelten.

Das erste ist die Häufigkeit. Je öfter sich ein Erlebnis wiederholt, desto fester prägt es sich ein. Durch Korrektur und Wiederholung entwickeln wir die beste Möglichkeit, darauf zu antworten. Die Reaktion auf bestimmte Situationen wird programmiert. Unser Körper weiß zum Beispiel »blindlings«, wie er die Treppe zwischen dem ersten und zweiten Stock unseres Hauses zu nehmen hat. Wenn nach einer Reparatur auch nur eine Stufe anders liegt, stutzen wir. Unser Körper korrigiert sein Programm, bis auch diese Erfahrung nur noch unterbewußt registriert ist.

Ein anderes Kriterium der Rangordnung ist die Intensität eines Erlebnisses. Die erste große Liebe, ein überwältigender Theaterabend, ein Herzanfall – das prägt sich ein. Sachbezogene Informationen – etwa über die Anlage eines Hauses – können wir stückchenweise, als Teilinformationen einsammeln: Ein Erlebnis hat verschiedene Intensitätsgrade, aber es ist immer ganz. Es gibt keine Teilerlebnisse – so wenig, wie es ein halbes Loch gibt.

Ein weiteres Kriterium ist die Vorläufigkeit. Wir selbst und unsere Umwelt sind einem ständigen dynamischen Veränderungsprozeß unterworfen, und dem muß sich der Organismus anpassen. Diese Anpassung steht in seinem Programm. Es gibt aktuelle Informationen, die mit laufend wechselnden Umständen verbunden sind, und von unserem Speicher nur kurzfristig verbucht werden. Ich fahre eine vertraute Straße entlang; aber wie ich Geschwindigkeit, Spur und Fahrweise bestimme, hängt von Verkehrsdichte, Lichtverhältnissen und Straßenzustand ab. Ich fahre da jedes Mal anders, und mein Gehirn codiert kein Fahrprogramm, sondern operiert mit aktuellen

Meldungen. Das ist wie bei Eintragungen in unserem Termin- und Adreßkalender: Namen und Nummern, die wir immer wieder brauchen, tragen wir hinten ein – Termine und Stichworte werfen wir weg, wenn sie erledigt sind. Oder wir übertragen sie, wenn sie weiter nützlich sind. Zur Gedächtniserleichterung, zum besseren Verständnis.

Mit solchen Notizen spielen wir nach, was unser Gehirn durch seine Speicher- und Vergleichsfähigkeit ununterbrochen vollzieht. Wenn sich eine frühere Information wiederholt, auf eine analoge Erfahrung im Speicher trifft und dadurch auch das auslösende Moment (z. B. die heiße Herdplatte) erkannt wird, sprechen wir von »Verstehen«. Ich verstehe, warum ich mich verbrannt habe – oder weshalb sich jemand so verhält und nicht anders.

Das Wiedererkennen einer Erfahrung erleichtert uns, mit der Situation fertig zu werden; denn wir haben ja auch die Wirkung unserer Reaktion erprobt und können von ihr weder Gebrauch machen, noch sie verbessern. Ein Beispiel.

Wenn man aufgeregt ist, beschleunigen sich Herz- und Atemrhythmus. Die Wahrnehmung der sekundären Erscheinung, des argen Herzklopfens, löst panische Ängste vor den unbekannten Folgen eines solchen Zustandes aus und verstärkt die vorhandene Aufregung.

Erlebt dieser Mensch das ein zweitesmal – die Verbindung von Aufregung und Herzklopfen zur Panik –, so weiß er jetzt, daß das eine vom anderen abhängt und mit dem Grund der Aufregung verschwindet. Die verstärkende unbekannte Größe ist durch Erfahrung ausgeschaltet, Panik nicht nötig. Man kann sich auf die Ursache der Aufregung konzentrieren und ihr durch entsprechende Reaktionen begegnen. Auch dieser Entscheidung geht ein Prozeß der Selektion und der Feststellung von Prioritäten voraus.

Um die Umwelt nach seinen Bedürfnissen wahrnehmen zu können, muß der menschliche Organismus die für ihn notwendigen Mittel entwickeln – das ist logisch. Wir sagten schon, daß die »Nachrichtensysteme« der Lebewesen sehr verschieden sind. Sehr einfache Lebensformen haben auch sehr einfache Programme, für die vielleicht zwei Daten genügen, um sie reagieren und existieren zu lassen. Ein Insekt hat schon ein hoch differenziertes Wahrnehmungsvermögen – aber es »sieht« immer noch zweidimensional. Eine Biene brummt immer wieder gegen eine Glasscheibe, weil nach ihren Informationen auch durchlässig sein muß, was durchsichtig ist.

Wir nehmen den Raum dreidimensional wahr. Tatsächlich genügt aber dieses räumliche Sehen noch lange nicht, um auch alle uns bekannten Objekte immer zu identifizieren, weil sie mit jeder Bewegung – von uns oder von ihnen – ihre Form verändern. Eigentlich sehen wir dauernd ein anderes Objekt. Eine Katze, die sich rollt, streckt, springt – das sind doch völlig verschiedene Wahrnehmungen.

Erst durch die Fähigkeit des Vergleichens und Kombinierens der gespeicherten Daten stellen wir den Zusammenhang von Formen und Wahrnehmungen her. Dieser grüne Fellfleck dort ist dann eine gelbe Katze unter blauem Neonlicht. Wir sammeln und ordnen Eindrücke und Wahrnehmungen, vergleichen diese Informationen mit den gespeicherten Daten, und daraus entsteht unser Bild von der Wirklichkeit.

Frühe Reize

Wir wollen hier von der Entwicklung im frühen Lebensalter sprechen und vor allem darüber, welche Reize auf ein Baby einwirken, und wie es darauf reagiert.

Wann fängt die eigene Wahrnehmung an: Mit unserer Geburt? Wir wissen heute: Früher, schon im Mutterleib. Das in der Fruchtblase wachsende Wesen hat eigentlich keine Probleme, die seine Sinne reizen. Seine Nahrung erhält es ständig durch eine direkte Leitung, die Nabelschnur. Die Haut ist angenehm umhüllt vom Fruchtwasser. Die Augen empfangen keine Lichteindrücke. Und doch dringt ein Reiz von außen zu ihm: Es hört den Herzschlag der Mutter. Er ist seine erste Orientierung und schon ein Erkennungszeichen, das sein Verhalten prägt. Man hat das in Kliniken durch eindrucksvolle Versuche belegt.

Schreienden und weinenden Babys wurde über Lautsprecher der Herzschlag der Mutter vorgespielt. Sie haben auf interessante Weise verschieden reagiert. Jene Säuglinge, die seelische Probleme hatten durch Orientierungsverluste und nach Zuwendung, Zärtlichkeit und Liebe verlangten, haben sich daraufhin beruhigt. Babys mit unerfüllten physischen Bedürfnissen – sie hatten Hunger, lagen naß oder etwas tat weh – haben hingegen weitergeschrien. Für die Pflege auf den Säuglingsstationen könnte das in Zukunft eine ganz praktische Konsequenz haben: Es ließe sich leichter feststellen, welche Babys ein körperliches Bedürfnis haben und welche nach seelischer Beruhigung verlangen.

Natürlich stellt sich dabei sofort die Frage: Sind die Kinder auf den Herzschlag der eigenen Mutter fixiert oder reagieren sie einfach auf den Rhythmus des Herzens? Eine Beruhigung geht schon vom Geräusch des Herzpochens aus, aber überzeugender ist die direkte Wirkung beim Herzschlag der eigenen Mutter. Das zeigt, daß wir schon im frühesten Stadium nicht einen allgemeinen Begriff von uns haben, sondern eine ausgeprägte Individualität. Jede Mutter hat einen anderen Herzschlag, und an ihm orientiert sich ihr Kind. In den ersten Phasen zumindest ist dieser bestimmte Rhythmus auch Verbindung, Verständigung zwischen Mutter und Kind: Der Säugling nimmt ihn als Erkennungszeichen auf.

Diese frühe Prägung zeigt noch sehr viel später Auswirkungen. Mit einer bestimmten Person fühlen wir uns angenehm, im Gleichklang sagt man, und mit einer anderen unwohl. Der eine ist uns verwandt durch den Rhythmus, den er ausstrahlt, der andere fremd, anders.

Ein weiteres Beispiel: Für die allermeisten Menschen besitzt ein Schaukelstuhl magische Anziehungskraft. Stellen Sie einen ins Zimmer, und Sie werden sehen, daß fast jeder Gast irgendwann auf dieses Sitzmöbel zusteuert, sich mit einem Lächeln darin niederläßt und sich sachte zu wiegen beginnt. Und wenn Sie ganz genau beobachten, werden Sie erkennen, daß jeder dabei seinen eigenen behaglichen Rhythmus sucht.

Aber haben Sie auch schon einmal bedacht, daß in dieser Bewegung eine Grundorientierung stecken könnte?

Frauen gewöhnen sich während der Schwangerschaft einen Gang an, der mit wachsendem Leibesumfang zur Gleichmäßigkeit tendiert. In diesem Rhythmus schaukelt das Ungeborene in seinem Fruchtwasser. Es gewöhnt sich daran und verlangt nach dieser gleichförmigen, vertrauten Bewegung auch nach der Geburt. Die Mutter reagiert darauf. Fast immer hält sie das Kind im linken Arm, mit dem Kopf nahe dem Herzen, und schaukelt es leise. Die Großmutter wird es ebenso aufnehmen und wiegen und beruhigen, und die Babysitterin von nebenan weiß ebenso sicher, daß sie ihren Schützling durch sanfte, gleichförmige Bewegungen der Wiege in Schlaf bringen kann. Es ist immer derselbe Grundrhythmus des Gehens, doch wie sich die Schritte der Mütter unterscheiden, so gibt es auch für das Baby bestimmte Variationen. Wir merken es schon, wenn wir den richtigen gefunden haben, denn dann läßt das Weinen nach, der Atem wird gleichmäßig, die Lider senken sich.

Es gibt eine unmittelbare Beziehung zwischen dem Rhythmus des Schaukelns und des Atmens. Alte Menschen nutzen ganz gerne, sicher unbewußt, die stimulierende Wirkung des Schaukelstuhls. Denn beim Zurücklehnen öffnet sich der Körper und das Zwerchfell weitet sich – man holt Luft; und im Vorbeugen atmet man sie mit dem leichten Zusammensinken des Oberkörpers wieder aus.

Der beruhigende Rhythmus des Herzens und des Ganges sind kontinuierliche Reize des Kindes im Mutterleib. Mit der Geburt stürmt eine Fülle von Eindrücken auf seine ungeübten Sinne ein. Licht, Geräusch, die Trockenheit der Haut, Hunger. Der Magen zieht sich zusammen, die Magensäfte beginnen zu arbeiten. Auf die Flut der Irritationen reagiert der Körper verwirrt, die beginnenden Atemzüge stocken, und in einer Abwehr, die sich in Schreien entlädt, schafft sich der Körper Befreiung.

Eine Theorie der Verhaltensforschung behauptet, der Schrei eines Jungen zwinge die Mutter herbei, weil er auch die Aufmerksamkeit von möglichen Feinden errege. Doch zunächst ist er sicher nur Körperreaktion, dann wird er Signal. Denn die Mutter antwortet, indem sie das Junge an die Brust nimmt und sein Wärmebedürfnis und Hungergefühl stillt. (Das Einsaugen ist wie die Bewegung der Hand, die greift und sich schließt, ein angeborener Reflex.) Das Schreien wird zum Signal, weil das Kind die Erfahrung macht: Die Mutter kommt regelmäßig herbei. Ist das nicht der Fall, reagiert sie willkürlich und unregelmäßig, so stört sie diesen Regelkreis: Der normale Hungerschrei wird zum aufgeregten Angstschreien, zum Ausdruck von Orientierungsverlust und Panik. Dieser Erwartungszusammenhang macht deutlich, wie wichtig es ist, daß sich zwischen dem Schreien des Babys und der Antwort der Mutter ein fester Zeitabstand einspielt. Das Kind muß sich darauf verlassen können, sonst sind anhaltende Unsicherheit und Verstörungen die Folge. Erste Erfahrungen prägen.

Das neugeborene Wesen nimmt sich selbst wie seine Umge-

Emotionen werden durch spontane Körperbewegungen ausgedrückt.

bung zunächst sehr elementar und begrenzt wahr. Die Informationen, die ihm durch seine Sinne zuströmen, werden nicht in Reaktionen umgesetzt, weil es seine Körpermuskeln noch nicht unter Kontrolle hat. Sie lösen aber bereits eine *Intentionsbewegung* aus, die in der Veränderung der Körperspannung, des sogenannten Muskeltonus zu erkennen ist. Dieser Erlebniszustand wird je nach Stärke des Reizes als angenehm oder unangenehm empfunden und so im Gehirn registriert. Damit beginnt der Prozeß des Lernens. Die Erfahrungswerte werden durch Organisation und Koordination den Informationsspeichern des angeborenen Systems zugeordnet. Durch die Wiederholung von Ereignissen und Eindrücken wächst allmählich das Wahrnehmungs- und Unterscheidungsvermögen; das Kind lernt, sich mit den Funktionen und Aktionen seines Körpers in Verbindung zu setzen.

Dabei unterscheiden wir zwischen spontanen *Emotionsbewegungen* und sachbezogenen *Aktionsbewegungen*. Wenn das Kind seine Hand ausstreckt, um nach der reizvoll flackernden Kerzenflamme zu greifen, so ist das eine gezielte Aktionsbewegung. Wenn

Der intensive Blick

36

es die Hand mit einem Aufschreien zurückzieht, das Gesicht verzerrt und zu weinen beginnt, so sind das Emotionsbewegungen. Sie haben zweierlei Wirkung: Einmal wird dadurch der Körper zur Angewöhnung bestimmter Reaktionen konditioniert, zum anderen dienen sie als Kommunikationssignal.

Psychische Reaktionen kann ein neugeborenes Kind noch nicht zeigen, die Fähigkeit dazu muß erworben werden. Denn psy-

Der Trieb zu saugen ist dem Menschen angeboren. Saugen gewährt Genuß und stimuliert das Genußempfinden. Was uns schmeckt, nehmen wir in den Mund.

chischen Reaktionen gehen wiederholte Erlebnisse und Erfahrungen voraus, Prägungen, Assoziationen, Verdrängungen, Wunschbilder, auf die sich dann entsprechende Antworten unserer Mimik und Gestik formen. Das Kind aber muß erst einmal die Organisation solcher Eindrücke und Bilder in seiner Zentrale, dem Gehirn, entwickeln – und dann noch lernen, es bewußt oder unbewußt zu steuern. Dann erst kann man von psychischen Reaktionen, einem bedeutungsvollen Lächeln oder beabsichtigter Scheu sprechen.

Umgekehrt aber werden zweierlei kindliche Verhaltensweisen uns ein Leben lang als Ausdrucksformen psychischen Befindens begleiten. Ein Baby saugt, nimmt, schmatzt, leckt mit der Zunge noch die letzten Speisereste in den Mund – das ist wunderbar. Diese Genußgesten der Mundpartie tauchen immer auf, wenn uns etwas sehr angenehm ist, eine Sache uns schmeckt. Und wenn ein Baby genossen hat, schiebt es die nährende Brust, den Schnuller der Flasche oder den Lutscher mit der Zunge hinaus. Auch diese Abwehrgeste wird bleiben und als Sekundärbewegung in Konfliktsituationen und Konfrontationen wiederkehren.

Der Finger im Mund des kleinen Mädchens befriedigt ein unmittelbares Genußbedürfnis. Die Gebärde kann aber auch mit einer genußvollen Wahrnehmung verbunden sein, die dadurch unbewußt in sinnliche Erfahrung umgesetzt wird.

Reize und Werte

Bei jedem starken Reiz, der uns empfindlich trifft, ziehen sich die Muskeln zusammen. Empfangen wir milde Reize, die uns angenehm stimulieren, so verlängern sich die Muskeln. Bevor wir also von Werten sprechen können, von gut oder schlecht, müssen wir erst einmal feststellen: Ein Reiz ist mehr oder minder stark. Das hat noch gar nichts mit einer guten oder schlechten Empfindung oder Erfahrung zu tun.

Urteile wie gut und schlecht werden in der Regel nach den Normen gefällt, die gesellschaftlichen Wertbegriffen entsprechen und ihre Moral ausmachen. Die Wertungen unseres Körpers sind aber zuerst einmal subjektiv und entstehen aus seiner Erfahrung. Wirkt ein starker Reiz nun positiv oder negativ? Es kann beides der Fall sein.

Der Liebesakt ist das Ergebnis einer sehr starken Reizwirkung. Die Muskeln ziehen sich zusammen und lockern sich wieder, um den Reiz aufs neue zu genießen, abermalige Kontraktion und erneute Öffnung. Dieser Wechsel der Muskelbewegungen bringt uns in Erregung. Das Blut wird stimuliert, die Herzfrequenz erhöht sich, der entstehende Energiedruck im Orgasmus entladen. Wenn jemand auf so starke Reize nicht reagiert, nennen wir ihn einen kalten Fisch, frigide, und beklagen, daß er sie nicht erlebt. Denn wir empfinden ihn höchst positiv.

Wenn uns jemand einen Eiswürfel in den Kragen steckt, und der kalte Brocken den Rücken hinabgleitet, entsteht ebenfalls ein starker Reiz und eine analoge Reaktion. Die rückwärtige Körperpartie schließt sich – wir ziehen die Schulterblätter zusammen und öffnen uns auf der anderen Seite – der Brustkorb weitet sich. Ob man das nun als positiv oder negativ empfindet, hängt nicht zuletzt von der Temperatur ab und von sekundären Assoziationen – das Hemd wird naß. Ein nasses Hemd ist »schlecht«, ein Eisbeutel auf der fiebrigen Stirn »gut«. Für unseren Körper handelt es sich um gleichstarke Kältereize, und er reagiert in gleicher Weise mit Schließen und Öffnen der Muskulatur.

Diese beiden Reaktionen *Schließen* (Kontraktion) und *Öffnen* sind die Bausteine unserer Körpersprache. Verkrampfung und Lockerung erkennen wir in ihren Signalen wieder. Doch weshalb ziehen sich unsere Muskeln überhaupt zusammen? Ich möchte zwei Gründe hervorheben.

Der erste liegt in der Natur des organischen Systems – man könnte ihn als Selbstschutz vor Reizüberflutungen oder Bequemlichkeit interpretieren. Einfache Experimente mit elektrischen Impulsen haben gezeigt: Wenn jemand ganz locker ist, reagiert er auf den kleinsten elektrischen Schock. Sobald er verkrampft, muß man die Impulsstärke vergrößern. Bei jedem Krampf reduziert sich der Informationsfluß zwischen dem Abnahmepunkt des Nerves und dem Gehirnzentrum: Es ist, als ob man Blockaden baute.

Die Muskeln ziehen sich zusammen, der Körper verkrampft sich und reduziert oder blockiert damit das Aufnahmevermögen.

Diesen Zusammenhang kann jeder nachvollziehen. Wenn man mit der Hand ganz locker über die Oberfläche eines Tisches oder eines Tuches streicht, sie streichelt, so erfährt man sehr viel über ihre Struktur, fühlt feine Fasern und kleine Härchen. Die Information fließt durch die Hand. Sobald man die Hand verkrampft, spürt man von solchen Feinheiten nichts mehr – allenfalls das Ende des Tisches oder den Übergang vom Tuch zu einem anderen Material. Man erfährt Begrenzungen, fremde und eigene. Darüber hinaus ist der Informationsaustausch blockiert.

Für die menschliche Kommunikation gilt das gleiche. Wenn jemand locker ist, nimmt er Informationen leichter und genauer auf; ist er verkrampft, so geht das nur langsam und lückenhaft. Jemand ist aufgeschlossen oder verschlossen, sagen wir dann. Doch wir sollten es nicht bei dieser Feststellung bewenden lassen. Es gibt unzählige Ursachen für solche Verkrampfung – Autoritätsangst oder Leistungszwang, Müdigkeit oder Erschöpfung. Sobald wir dem Gesprächspartner anmerken, daß er verkrampft, sollten wir nicht mehr annehmen, daß er unsere Informationen aufnimmt. Dann wird es besser sein, eine Pause zu machen oder den vereinbarten Termin auf einen anderen Tag zu verschieben.

Der zweite Grund unwillkürlicher Muskelkontraktionen ist wohl naturgeschichtlich programmiert: eine Fluchtreaktion. Wenn etwas geschieht, was einem nicht angenehm ist, stellt Flucht die naheliegende Verhaltensweise dar. Es könnte gefährlich werden, und man rennt weg, solange es die Möglichkeit gibt. Nach dieser intentionalen Reaktion erst werden Begründungen entwickelt, warum man sich dennoch zum Kampf stellt. Doch erst einmal ist da der starke Reiz und die Antwort Flucht. Jede plötzliche Änderung in unserer Umgebung, jede abrupte Bewegung, jedes überraschende Geräusch verursachen dieselbe Reaktion. Für das seelische Verhalten gilt das ebenso: Alles Neue und Unbekannte ist zunächst erschreckend und gefährlich, wir ziehen uns zurück. Und das ist nicht allein beim Menschen so.

Wenn wir einer Katze ein neues Futter vorsetzen, nähert sie sich dem vertrauten Napf. Schnuppert: ein neuer Geruch! Zwei, drei Sätze zur Seite. Dann hält sie ein – zweite Reaktion: neu, aber nicht schlecht! Bei der zweiten Annäherung bestätigt sich die Geruchserfahrung. Das Tier steckt die Zunge in den Napf: ein neuer Geschmack! Abermals weicht sie zurück, prüft: neu und nicht angenehm! Die Katze wendet sich ab. Oder: neu, aber angenehm! Sie kommt zurück und frißt. Ein ganz normaler Regelungsvorgang in seinen Stufen.

Der Mensch verhält sich kaum anders. Auf eine unbekannte Reizung hin ziehen wir uns zuerst einmal zurück oder schließen uns ab. Dann prüfen wir den Reiz anhand gespeicherter Erfahrungswerte und reagieren entsprechend positiv oder negativ. Man kann nicht erwarten, daß sich jemand einer neuen Begegnung sofort öffnet: Das ist gegen seine Natur. Es gibt freilich eine Ausnahme: Wenn sie mit einem Statussymbol gekoppelt ist. So wie Malossol-Kaviar – wer den scheußlich findet, unterdrückt eben seine Schrecksekunde nach besten Kräften und vergewaltigt seine Natur mit einem genießerischen Lächeln. Ein Masochist.

Doch auch beim Masochisten reagiert der Körper mit einem Zusammenziehen der Muskeln, wenn der Arzt eine Spritze ansetzt, denn der Einstich tut weh. An diesem Beispiel läßt sich gleich noch ein anderer Effekt zeigen. Es gibt Körperreaktionen, die nicht durch den unmittelbaren Reiz ausgelöst werden, sondern aus Assoziationen rühren. Weil wir annehmen, daß der Einstich schmerzen wird, bereiten wir den Körper auf ein Zusammenzucken vor. Und unterdes hat der geschickte Doktor die Spritze schon injiziert, und wir haben es nicht einmal gemerkt. Oder wir zucken, obwohl er überhaupt nichts macht.

Diese Form von »Sekundärerscheinungen« läßt sich in einem anderen Vergleich noch besser verfolgen. Wir beißen in eine Zitrone. Die Gesichtsmuskulatur zieht sich zusammen, der Nacken verhärtet sich, die Schultern krampfen sich hoch – Formen der Abwehr. Der ganze Oberkörper zieht sich zurück, als ob er fliehen wollte. Solche Gesten scheinen die überaus starke Information »Säuregeschmack« zum Gehirn zu reduzieren. Die Muskeln lockern sich, wenn der Reiz nachläßt. Bei einem Gedanken bedient sich der Körper analoger Ausdrucksformen. Jemand redet einen schrecklichen Blödsinn oder unterbreitet ein unmögliches Angebot – »so daß es einem schon sauer aufstößt«. Dann zeigen – wenn man es sich leisten kann und diese Regung nicht aus Höflichkeit oder unterlegenem Status unterdrücken muß! – Gesicht und Schulterpartie denselben Ausdruck, als habe man in eine saure Zitrone gebissen. Und wer uns betrachtet, versteht diesen Körperkommentar sofort, weil er selbst dem gleichen Code folgt.

　　Auf der ersten Ebene der Körpersignale reagieren und agieren die Menschen über alle Sozialschichten und Kulturkreise hinweg ähnlich oder analog. Diese biologischen Primär- oder Sekundärerscheinungen haben auch nichts mit Nachahmung zu tun. Ein taubstummes, blindes Kind in der Sahelzone würde auf eine Zitrone genauso

Die Muskeln von Gesicht, Nacken und Schultern reagieren gleichzeitig mit Verkrampfung, wenn einen etwas sauer ankommt.

reagieren wie sein gesunder Altersgefährte in Deutschland oder ein Straßenjunge in Lima. Hier handelt es sich nicht um angelerntes oder angewöhntes Verhalten, sondern um eine biologische Reaktion, die im genetischen Programm verankert ist.

Unangenehme Erfahrungen lösen eine Fluchtreaktion oder Muskelblockade aus. Vielleicht nicht beim erstenmal, bestimmt aber bei der zweiten oder dritten Wiederholung haben wir gelernt, sie auf physische Ursachen zurückzuführen. Schon die Wahrnehmung dieses Gegenstandes, Geruches oder Geräusches, dieser bestimmten Situation wirkt auf uns jetzt als Warnsignal. Dadurch verhindern wir, die vermutlich gleich unangenehme Erfahrung zu wiederholen. So sinnvoll dieser Regelmechanismus scheint — er birgt auch eine Fehlerquelle und kann zu falschem Verhalten führen.

Dreimal haben wir in grüne Äpfel gebissen, und jeder von ihnen war sauer. Beim vierten leuchtet unsere Warnlampe auf und signalisiert: Vorsicht, sauer, das wird unangenehm. Und wir lassen ihn liegen. Dieser Apfel ist aber süß und wohlschmeckend. Wir haben uns um eine angenehme Erfahrung gebracht, weil wir nach einer Annahme reagierten; eine Information ist unter den Tisch gefallen, weil wir den Istwert nicht prüften.

Die Blockade durch frühere Erfahrungen kann vorteilhaft sein und Zeit und Ärger ersparen, doch sie bringt auch die Gefahr von Fehlurteilen durch Vorurteile mit sich. In der Konsequenz führt das zu einer Lebenshaltung, in der man alles gleich scheinende in gleiche Schubladen einordnet und sich in dem Irrglauben einrichtet, daß sich nichts im Leben ändere. Das ist bequem, aber falsch. Vorurteile sind eine Vereinfachung und Erstarrung unserer Wertvorstellungen Gut und Schlecht, die aufgrund verhinderter Wahrnehmung zu falschem Verhalten führt.

Wir kommen nicht umhin, ständig aufs neue zu prüfen, auch auf das Risiko der Enttäuschung hin. Man trifft jemanden, sagt sich: Ich kenne diesen Typ — und blendet ihn aus, hat ihm jede Chance genommen. Man bekommt ein Angebot auf den Tisch, sagt sich: Diese Sorte Firma kenne ich — und legt es zu den Akten, hat sich vielleicht um eine gute Gelegenheit gebracht. Richtiger wäre, das Vorwarnsignal in kritische Einwände umzusetzen und den Mann und das Angebot zu prüfen. Zu kontrollieren, ob die Istwerte mein Vorurteil rechtfertigen oder nicht vielleicht sogar nahe an meinen Sollwerten liegen: der richtige Mann, das beste Angebot. Wir hätten paradiesische Zustände, wenn das jeder machte. Doch wir haben keine Zeit, keine Geduld, keine Lust, keine Einsicht — und nehmen die Fehler in Kauf. Eine teure Bequemlichkeit.

Andererseits: Es ist ja wirklich völlig unmöglich, immer alle vorhandenen Informationen aufzunehmen und zu prüfen. Wenn wir das schon bei bewußten Vorgängen verweigern — wieviel mehr muß

Der Biß in den sauren Apfel löst den entsprechenden Gesichtsausdruck aus. Schon die Vorstellung, wie er schmecken wird, bewirkt diese Mimik.

das für das Sensorium unseres Körpers gelten. Er hilft sich durch Blockaden und durch Selektion. Ein gewisser Informationsfluß wird blockiert, um dafür dringendere Informationen nach seinen Prioritäten durchzulassen. Diese Auswahl treffen unsere Sinne fast automatisch. Wenn wir hungrig sind, haben wir kein Auge mehr für Banken oder Schuhläden, aber an jedem Restaurant oder Caféhaus bleibt unser Auge hängen. Eine Frau von Chic wird sicher keine Boutique übersehen. Der Mann neben ihr entdeckt jede Kneipe.

Dabei handelt es sich um eine Selektion durch unser Steuerungssystem – nicht aber um eine Ausblendung von Wahrnehmung. Die Sinnesorgane nehmen dabei sehr viel mehr auf, doch sie belasten damit nicht das Bewußtsein. Das Unterbewußtsein speichert gleichzeitig auch andere Informationen. Unter Hypnose haben Zeugen schon Details von Vorfällen ausgesagt, an die sie sich in wachem Zustand bei bestem Willen nicht erinnern konnten: Autokennzeichen, Kleiderfarbe etc.

Erfahrungen nehmen wir durch Veränderungen in unserem Organismus wahr. Der Anstoß zu solchen Veränderungen kann innerhalb unseres Körpers gegeben werden (Hungergefühl) oder von außen durch Reize. In beiden Fällen versucht der Körper wieder einen ausgeglichenen Zustand herzustellen, sich in Harmonie zu bringen. Er befriedigt den Trieb oder reagiert auf den Reiz. Das Gleichgewicht ist wiederhergestellt. Jede Störung dieser harmonischen Balance bedeutet Unordnung, Erregung. Energie und Vitalität steigen, und wir entfalten eine außergewöhnliche Aktivität. Im Extremfall versagt die Koordination unserer Bewegungen, die Stimme schnappt über, und die Gedanken verhaspeln sich. Umgekehrt können wir bei sinkender Energie in apathische und depressive Zustände geraten, die bis zur vollkommenen Gleichgültigkeit reichen.

Es gibt einen unmittelbaren und wechselseitigen Wirkungszusammenhang zwischen den Trieben und Reizen, der Körpervitalität und unserem seelischen Befinden. Diese Wechselwirkungen wollen wir nun verfolgen.

Atmung und Rhythmus

Der Atem führt dem Körper Sauerstoff zu, den Brennstoff, der für seine Energieerzeugung unersetzlich ist. Den Vorgang des Atmens können wir in drei Phasen einteilen: Einatmen – Anhalten – Ausatmen. Ich vergleiche sie gerne mit den Grundfarben Rot – Gelb – Blau, weil in diesen Übergängen die gleiche Skala von Wärme zu Kälte, von positiven zu negativen Empfindungen durchglitten wird.

Das *Einatmen* gibt uns durch die Aufnahme von Sauerstoff Kraft, Vitalität, Freude.

Das *Ausatmen* bewirkt einen Abbau der Kraft, Vitalitätsverlust, Passivität, aber auch Befreiung von gestauter Luft.

Das *Anhalten* ist der kurze Zeitabschnitt, in dem der Körper durch Stillstand versucht, jede Regung und den Informationsfluß zu blockieren, um in Ruhe eine Entscheidung zu treffen: Konzentration.

Wenn wir in eiskaltes Wasser tauchen, halten wir erst einmal die Luft an und reagieren dann fluchtartig. Bei Erschrecken holen wir schnell und ruckartig Luft, um Kraft zu tanken, und stocken den Atem, bis wir unsere Reaktion entschieden haben. Dann stoßen wir den Atem heftig aus – wie ein Karatekämpfer mit dem Schlag oder ein Diskuswerfer im Moment des Abwurfs –, um mit diesem Befreiungsakt unsere Aktionskraft zu vergrößern. Wenn unsere Unsicherheit aber anhält, atmen wir stotternd noch mehr Luft ein, und das verursacht eine Stauung und Verkrampfung im Körper, die bis zur Reaktionslähmung gehen kann.

Wir sind ständig damit beschäftigt, einzuatmen und auszuatmen; doch der Rhythmus und der Akzent können sich verändern. Im harmonischen Zustand atmen wir ruhig, gleichmäßig und genußvoll, der Körper entspannt sich während des Ausatmens. Bei Depression liegt die Betonung auf dem langen Ausatmen – dann kurzer Stillstand, und eingeatmet wird nur die lebensnotwendige Ration Sauerstoff. In der Aufregung pendeln wir mit wechselnder Akzentuierung des Atemvorgangs zwischen Extremen. Dieser Mischzustand spiegelt unser mentales Befinden, unsere »gemischten Gefühle«. Wir stehen in einer Situation, in der wir den einen Punkt nicht akzeptieren wollen und den anderen nicht aufrechterhalten können und versuchen darum, den ganzen Konflikt wegzudrängen.

Ein extremes Beispiel macht es deutlich. Die Tochter kommt nach Hause und gesteht, daß sie ein Kind erwartet. Dem Vater verschlägt es den Atem. Er will diese Tatsache nicht wahrhaben, aber er kann diese Information auch nicht negieren. Er pendelt zwischen Wunsch und Wirklichkeit, und so pendelt auch sein Atem heftig zwischen Ein- und Ausatmen. Der rasche Wechsel beschleunigt Herzschlag und Kreislauf, und diese Überaktivität muß der Körper wieder regulieren – er hält den Atem an, bremst. Der Kampf sich widerstrebender Empfindungen wird in den Körper verlagert. Rascher Atem – anhalten, beschleunigen – bremsen.

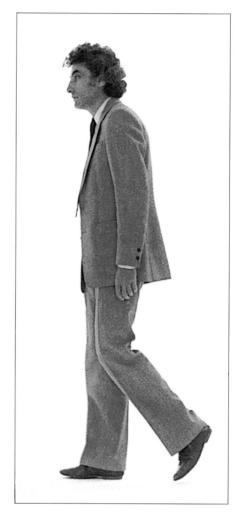

Spannungen
(von links nach rechts)

Hand aufs Herz – dies ist ein lockeres und mit offenen Gefühlen geführtes Gespräch.

Das Händchenhalten zeigt eine vertraute und intime Atmosphäre.

Sein linker Arm schränkt ihre Freiheit ein und wirkt bedrohlich. Sie zieht die Hände zurück und hebt zur Abwehr das Knie an.

Die Bedrohung wird durch den gestreckten Zeigefinger verstärkt. Sie schließt sich durch die Bewegungen des rechten Armes und Beines dagegen ab.

Die Spannung scheint gelöst und die Situation gelockert. Doch tatsächlich blockiert sie ihn durch ihren rechten Ellbogen.

Hier wird die Blockade durch den Unterarm aufrechterhalten.

Etwas an der Berührung durch ihre Hand stört ihn offensichtlich: Er schützt sich durch das gehobene Knie.

Sie legt ihm beschwichtigend die Hand aufs Knie, um seiner aggressiven Haltung zu begegnen. Darauf nimmt er den Kopf zurück und legt den Hals mit einer provokativen Geste gegen ihre Handbewegung frei, als wolle er sagen: Damit kannst du mich nicht beeindrucken, davor habe ich keine Angst.

Natürlich ist dies die Beschreibung eines quasi mechanischen Wechselprozesses, der im Organismus selbst abläuft. Aber wir erleben diesen kritischen Zustand unseres Körperbefindens und nehmen ihn wahr; unser Gegenüber erkennt ihn durch die Signale des Ausdrucks. Er ist die Antwort des Körpers an das Gehirn und spiegelt die Beziehungsqualität zwischen uns und der Situation.

Auch hier sehen wir, daß der Rhythmus des Atems und der des Herzschlags einander beeinflussen. Miteinander bestimmen sie den Rhythmus unseres Bewegungsablaufs. Umgekehrt wirken auch unsere körperlichen Aktivitäten wie Gehen, Laufen, Rennen etc. auf den Rhythmus des Atems und des Herzens ein. Darum können wir im Rhythmus der Bewegungen auch den emotionalen Zustand eines Menschen erkennen und sogar beeinflussen. Wenn wir ein Kind beruhigen wollen, streicheln wir ihm mit harmonischen Bewegungen über den Kopf. Durch Tanzen, heftiges Schaukeln oder Schreien bringen wir unseren Körper in Erregung, rufen einen Rauschzustand hervor. Durch den Rhythmus des Sprechens und die Sprachmelodie können Emotionen und Intentionen über den Wortinhalt hinaus signali-

Wenn man eine Information oder Wahrnehmung nicht annehmen will, wird das oft durch Ausblasen der Luft mit dem Mund angedeutet: Ich nehme das nicht ein.

siert werden. Ein geschickter Schauspieler kann uns durch richtigen Einsatz der Sprechmittel in höchste Spannung versetzen, obwohl er nur belangloses Zeug zu sagen hat; und ein monotoner Redner vermag es, uns einzuschläfern, selbst wenn er ganz aufregende Sachen vorbringt.

Der Rhythmus ist uns von Natur gegeben, den Takt haben die Menschen erfunden. Musik basiert auf Harmonie und Rhythmus und bringt uns durch die natürliche Wechselbeziehung zu den Bewegungsgesetzen unseres Körpers in Stimmung. Den perfekten Takt schlägt ein Metronom – für uns ist er eine Äußerung des Willens. Wir spüren und erkennen diesen Übergang von spontaner Harmonie zu getaktetem Rhythmus auch in Bewegungsabläufen: Er kündet vom Eingriff des Willens, ist mit einer Absicht verbunden.

Man wandert durch den Wald, stundenlang. Da öffnet sich eine Lichtung, und ein Wirtshaus kommt in Sicht. Wetten, daß der Wanderer den Schrittrhythmus verändert, in eine getaktete Gangart verfällt? Er strebt einem Ziel zu.

Jeder Mensch, sagten wir, hat seinen eigenen Rhythmus, seinen individuellen Schritt. Wenn jemand – sei es ein Politiker oder eine politische Bewegung – eine Gruppe von Menschen oder eine Menge Leute auf gleiche Ziele ausrichten will, gibt er eine gemeinsame Gangart an – Gleichschritt, Gleichtakt. Das funktioniert vom militärischen Drill bis zu Demonstrationsmärschen. Wenn man sich in einem Takt mit anderen bewegt, fühlt man sich leicht auch im Einklang mit ihnen.

Getaktete Signale geben wir auch, wenn wir Aufmerksamkeit erregen, Ungeduld verraten oder Unsicherheit überdecken wollen. Die Abweichung vom natürlichen Rhythmus fällt auf. Wir haben schon kapiert und stoßen ein beschleunigtes Ja-Ja-Ja hervor, wir klopfen mit dem Finger oder einem Utensil auf den Tisch oder in die andere Handfläche, mit der Hand an den Oberschenkel, wir rücken den Körper in Taktbewegungen zurecht – eins, zwei drei –, wenn wir zu einer Rede ansetzen: lauter Auf-takte.

Das Bewegungsbild spiegelt die innere Harmonie oder Disharmonie. Ungleichmäßigkeit in Rhythmus und Takt weist auf Labilität, eine zerhackte Bewegung auf Störung hin. Daraus können wir lernen, daß jedes Gefühl und jede Emotion die Folge einer starken Beziehung ist zwischen uns selbst und einer Situation, einem Objekt, einem Wunsch. Ohne diese Beziehung berühren sie uns nicht, das ist logisch.

Gefühl und Emotion

50

Der Unterschied zwischen Gefühl und Emotion ist sehr groß, doch leider machen die meisten hier keinen Unterschied.

Gefühl ist alles, was wir durch sinnliche Eindrücke wahrnehmen. Von außen kommt uns das Gefühl von Kälte oder Wärme, für Form und Beschaffenheit einer Gestalt, Geruchs-, Geschmacksempfindung etc. Durch Gefühle wird mein Gleichgewicht nicht gestört, es entsteht kein Konflikt. Denn fühle ich in mir einen Wunsch, so erfülle ich ihn mir. Bei Kälte ziehe ich einen Mantel an und bei Wärme die Jacke aus, einen schlechten Geschmack vermeide ich und bei einem dröhnenden Geräusch halte ich mir die Ohren zu. Das gleiche gilt für Gefühle, die aus dem Inneren rühren: Zärtlichkeit und Zuneigung, Wohlbehagen und Unwohlsein. Ich bringe sie durch Worte und Gesten, durch Blumen und aufmerksames Verhalten, durch Mitteilung und Bitten um Teilnahme zum Ausdruck. Das wird akzeptiert und erwidert, die persönliche Beziehung in Harmonie wahrgenommen.

Emotion ist ein Bruch der Balance und entsteht, wenn uns etwas aus dem Gleichgewicht bringt. Wenn wir unsere Wünsche

Eine gefühlvolle Bewegung...

nicht erfüllen, unsere Gefühle nicht befriedigen können, nehmen sie oft die Dimension von Emotionen an. Das kann durchaus positiv sein – wie beim Anblick einer überaus schönen Landschaft, die mich überwältigt, oder die Erwartung eines herrlichen Abends, der mir noch bevorsteht. Doch häufiger registrieren wir Emotionen als negativ: Unsere liebevolle Zuwendung wird nicht erwidert, wir haben falsche Signale unserer Bereitschaft gegeben, wir haben Angst vor dem Verlust einer Sache oder eines Menschen. Enttäuschung, Unsicherheit und Angst bringen uns aus dem Gleichgewicht.

Die Emotion wirkt auf den ganzen Körper, und solange dessen Balance gestört ist, teilt sich das all unseren Aktionen mit. Unterdrücken kann man Emotionen auf längere Zeit kaum, sie machen sich immer durch Signale bemerkbar. Denn jede Verdrängung erzeugt Druck und gegenläufig Energiedruck, der sich nach außen zu entladen sucht. Blockieren wir ihn, so wendet er sich auf die inneren Organe, und wir finden ihn in psychosomatischen Störungen wieder: Der Körper reagiert mit Krankheit auf seelischen Überdruck. Wie ein Gaskessel durch eine Uhr den Überdruck anzeigt und sich durch ein

. . . und eine emotionale Bewegung

Ventil entlädt, so wird der emotional bedingte Überdruck im Körper durch Muskelspannung oder Mimik signalisiert und verlangt ein Ventil. Man kann einen prall gefüllten Ball unter Aufwand von viel Energie und Konzentration eine Zeitlang unter Wasser halten. Aber diese Energie fehlt mir gleichzeitig an anderer Stelle – ich kann unterdessen bestimmt nicht konzentriert ein Gespräch fortführen. Darum müssen wir unseren »Ball«, den emotionalen Überdruck, irgendwann bewußt an die Oberfläche heben, oder er entwindet sich unserer Kontrolle und taucht an anderer Stelle auf. Nicht viel anders geschieht es mit verdrängten Emotionen.

Ein Gefühlsmensch – also jemand, der seine Gefühle nicht immer unter der zielgerichteten Kontrolle seines Kopfes verwahrt – ist immer positiv: Er zeigt uns offen seine Position an. Seine Gefühlsäußerung informiert über seine Beziehung zu einer Situation oder Position und gibt seine Einstellung und Wertung wider. Der Gefühlsausdruck ist das wichtigste Kommunikationssignal zwischen Menschen, denn jeder Kontakt beruht auf diesem subjektiven Erfahrungsaustausch, weil keiner von uns objektiv wahrnehmen kann.

Der zum Kuß gespitzte Mund zeigt Zärtlichkeit mit einem Ursignal: Als wolle man das kleine Vögelchen füttern.

Die Wahrnehmungen unserer Gefühle berühren uns angenehm oder unangenehm. Diese Empfindung hängt vor allem von der Befriedigung ab, die der Reiz erweckt. Mit der gleichen Intensität können wir Genuß oder Schmerz, Appetit oder Ekel verbinden, und richten danach unsere Wertung ein: gut oder schlecht. Diese Werte werden ebenso auf assoziative Sekundärerscheinungen übertragen, von konkreten auf abstrakte Erlebnisse und Erwartungen. Die Erwartung eines Erfolges stimmt uns zufrieden, die Vorstellung eines Mißerfolges schmerzt uns »empfindlich«. Im ersten Fall drückt der Körper sein Wohlgefühl durch Gelöstheit aus, im zweiten Fall antwortet er mit Blockaden und Verkrampfung.

Dieser Zusammenhang wird besonders intensiv von der Werbepsychologie genutzt: Sie arbeitet mit Genußversprechen. Daran wird deutlich, wie zuverlässig die assoziativen Wertungen unseres Körpers funktionieren – und wie sehr er sich dadurch manipulieren läßt. Nehmen wir die Zigarettenreklame. Der Duft der großen weiten Welt, der Ritt durch die wogende Prärie, die erfrischende Kühle von Palmen, Strand und Meereswellen, das Erlebnis von Freiheit und Natur – das sind permanent genutzte Motive, Werbesignale. Unser Körper wiegt sich in angenehmen Vorstellungen, wir sind der Marke schon gewogen: Sie muß gut sein. Aber wer raucht schon mit den Füßen am Lagerfeuer, das Wiehern von Mustangs im Ohr und die Rocky Mountains im Blick? Eigentlich müßten wir beim Stichwort Zigaretten eher an den schalen Geruch von Kantinen und Gardinen, an verqualmte Kneipen und Versammlungssäle, an qualvolle Konferenzen, lange Abende und den Morgen danach denken. Aber nein, unser Körper empfängt die Signale der Natur, läßt sich durch die Assoziation Weite und Frische bestechen und reagiert mit angenehmen Erwartungen. Daß sie so nicht erfüllt werden, verdrängt er, weil der Nikotingenuß auch ein rauschhaftes Stimulans ist, was man sich freilich nicht eingestehen möchte. (Wer würde mit diesem Argument werben?!) Dabei signalisiert unser Körper oft genug unmittelbar, daß der starke Reiz dieses positiven Genusses auch negative Folgen hat. Aber selbst wenn wir das lernen, folgen wir der unangenehmen Erfahrung selten.

Lernen entsteht in der Wiederholung einer Erfahrung, indem wir unsere Begegnung mit dieser Erfahrung gemäß der Rückmeldung von Erfolg oder Mißerfolg unseres Verhaltens korrigieren. Solange da kein Wertbegriff festgelegt ist, hält das Experimentieren an. Die Verbesserung und Verfeinerung der zugehörigen Informationen spart Energie, und die genauere Re-aktion bringt uns schneller zum gewünschten Ziel.

Haben wir den Erfahrungswert »gut« fixiert, so drängt es uns nach Wiederholung; lautet das Resultat »schlecht«, so werden wir derartige Erfahrungen zu vermeiden suchen. Auf die Gefahr voreiliger

Lernen
und Werten

Festlegungen haben wir schon hingewiesen: Vorurteile provozieren falsches Verhalten. Wir haben aufgehört zu lernen.

Je länger wir die Erfahrung prüfen – und das heißt: lernen –, desto mehr wächst unsere Chance, unsere Möglichkeiten zu entfalten. Der Lernprozeß hängt von unserer Entscheidung ab. Sobald ich eine Wertung setze – gut oder schlecht, genug oder nicht genug –, schließe ich den Kreis. Die kleinen grauen Zellen werden von der Beschäftigung mit dieser Erfahrung entlastet und wenden sich einer anderen Aufgabe zu. Aber das ist nicht notwendig so – wir könnten auch weiterlernen. Statt einer fremden Sprache – Wertung: das ist genug! – drei oder sechs. Statt eines kümmerlichen Klavierspiels – Wertung: das ist schlecht und zu mühselig! – ein hörbares musikalisches Vergnügen. Die technischen Fertigkeiten dazu sind in den meisten von uns angelegt. Es ist an uns zu entscheiden: Bis hierher und nicht weiter – einen Wert zu setzen. Der Körper ist in aller Regel mehr zu leisten imstande, als wir ihm durch unsere Willensentscheidungen zumuten.

Wir setzen dauernd Prioritäten und erklären es damit, keine

Genußversprechen gehören zu den Mitteln der Werbung.

Zeit für all die Dinge zu haben. Richtig ist daran, daß wir mit jeder Neuanmeldung eines Vorganges oder Interesses die Rangordnung und zeitliche Reihenfolge unserer Erfahrungen ändern. Der eine will Klavier spielen, der andere Sprachen lernen, der dritte in der Sonne liegen. Recht so, seine Entscheidung. Aber die Erklärung »keine Zeit« für dies oder jenes ist unrichtig.

Zeit haben wir immer. Wie wir sie einteilen, hängt von unseren Prioritäten ab; und ob wir sie richtig planen, davon, ob wir die angemessenen Prioritäten einsetzen. Dabei stehen wir meist unter äußerem oder innerem Druck, der uns die sorgfältige Prüfung vom Istwert und Sollwert verwehrt. Meist dominiert der selbstgesetzte Sollwert. Wenn ein Mitarbeiter um ein Gespräch über die Probleme des Kunden Haberfelder bittet, während wir uns gerade mit der Firmenleitung auf die Diskussion der Umsatzerwartung für das kommende Quartal vorbereiten – dann setzt unser Nein wahrscheinlich die richtige Priorität. Nicht sicher; denn vielleicht ist das ein Großkunde, und das haben wir durch unser blockiertes Wahrnehmungsvermögen gerade außer acht gelassen – aber wahrscheinlich doch. Wenn wir am Abend zu Hause über der Zeitung sitzen, und unser Sohn zaghaft ein Problem mit der letzten Schulaufgabe ankündet – dann setzt unser Nein wahrscheinlich die falsche Priorität. Aber in beiden Fällen behaupten wir: Ich habe keine Zeit. In Wirklichkeit heißt das: Du stehst jetzt nicht auf meiner Prioritätenliste.

Der Wunsch nach innerer Harmonie, nach einem störungsfreien Leben in Ruhe und Ordnung, verleitet uns dazu, sehr schnell unsere Werte festzulegen. Das spart Zeit und Auseinandersetzungen, erneute Prüfung und Konfrontation. Realistisch ist dieses Verhalten nicht, denn die Welt ändert sich dauernd und erfordert eigentlich, daß auch wir unsere Werte ständig ändern. Das Klischee gut – schlecht genügt nicht.

Nach meiner Rückkehr aus China hat man mich gefragt: Wie war es? Ich verstand nicht. Na – gut oder schlecht?! Es war weder gut noch schlecht. Ja – entsprach es deiner Erwartung? Ich sagte: Sie war anders. Warst du enttäuscht? Zuerst vielleicht; dann habe ich meinen Kurs korrigiert, und es war weder gut noch schlecht. Es war anders.

China ist überall. Es ist leichter zu werten und damit neue Erfahrungen zu blockieren, als die tatsächlichen Ist-Werte mit den angenommenen Soll-Werten zu vergleichen. Denn mit den Wertungen setzt man nicht nur die körperliche Harmonie aufs Spiel, sondern oft auch die Übereinstimmung mit gesellschaftlichen Konventionen. Lernen ist schwer.

Beschreibung und Sprache

Höhere Lebewesen wie die Primaten Affe und Mensch entwickelten durch das Zusammenleben in der Gruppe Kommunikationssignale, die ihrer Verständigung dienen. Aus der Beobachtung entsteht die Nachahmung und aus der gemeinsamen Erfahrung ein Code solcher Verständigungsmittel. Es sind zunächst gestische Beschreibungen. Die Hand auf dem Bauch und ein schmerzverzerrtes Gesicht signalisieren uns Bauchweh. Hier kombinieren wir bereits verschiedene Ausdrucksformen zu einem abstrakten Begriff.

Durch Nachahmung lassen sich Tätigkeiten leicht beschreiben: kratzen, essen, gehen, tragen, schaufeln etc. Aber durch Körperhaltung und vor allem die plastische Ausdruckskraft der beweglichen Hände können wir auch Objekte so beschreiben, daß der andere versteht.

Doch die Grenzen sind eng gesteckt. Schon die Darstellung einfacher Vorgänge erfordert einen hohen Zeitaufwand; bei komplizierten Zusammenhängen wird vollends fraglich, ob der andere sie noch präzise begreift.

Die natürlichen Laute, Bestandteil der Körpersprache, sind erste Mittel des Nachdrucks und der Ergänzung solcher Kommunikation. Äußerungen des Schmerzes oder der Freude, der Zufriedenheit oder Erregung haben in Klangbild und Tonfolge der Stimme eindeutige Formen und werden wiedererkannt. Diese Laute liefern auch über größere Entfernungen Information: Erkennungszeichen, Ruf, Warnung etc. Im Laufe tausender Generationen hat der Mensch aus solchen Urlauten seine verbale Sprache entwickelt.

Im Klang dieser Sprache ist noch ihr Ursprung zu entdecken, und zwar in den Sprachen aller Völker. Der phonetische Klang eines Wortes beschreibt oft sinnlich seinen Inhalt: Lautmalerei. Das Wasser »gluckert« aus der Flasche – »bak-buk« heißt im Hebräischen die Flasche. »Warm« ist ein angenehmes Gefühl und ein langgezogener Wohllaut im Gegensatz zu dem kurzen »kalt« – im Italienischen wird mit fast derselben Lautfolge die gleiche Assoziation umgekehrt hergestellt in »caldo« und dem harten »freddo«. In assoziativen Lauten wie »Schlag« oder »Streicheln« ist Art und Dauer des Vorgangs spürbar. Wenn wir genau in unsere Sprache hineinhören, können wir in ungezählten Wörtern diese sinnliche Qualität der Lautbeschreibung wiederfinden.

Durch ihr Abstraktionsvermögen hat die verbale Sprache der Kommunikation freilich eine Weite eröffnet, die über den Austausch sinnlicher Erfahrung praktisch unbegrenzt hinausreicht. Ihr Code erfaßt Gefühle und Gegenstände, Zustände und Vorgänge, Begriffe und Zusammenhänge. Was immer wir empfinden oder denken, können wir – bei einiger Mühe – auch in Worten ausdrücken und anderen verständlich machen. Denn jeder speichert in seinem Gehirn den gleichen Code, solange er sein Lernen fortsetzt, und jedes neue Wort, das er aufnimmt, hat in seinem »Computer« die gleiche Bedeutung wie in den Gehirnen Millionen anderer Menschen.

Ich sage »Tisch« – und jeder weiß: ein unbewegter Gegenstand, eine Platte zum Essen, Schreiben oder Ablegen. Aber was für ein Tisch? Ich sage »Ein runder Glastisch mit einem Metallsockel« – und jeder kann sich eben diesen Tisch vorstellen, fragt zur Vergewisserung bestimmte Details nach. Wenn ich sage »Ein Refektoriumstisch aus dem 15. Jahrhundert«, so werde ich das den meisten erst genau erklären müssen, beschreiben. Aber dann ist für sie mit diesen sechs Wörtern klar, daß es sich da wahrscheinlich um einen sehr langen, massiven Holztisch handelt, wie er einst in den Speisesälen von Klöstern stand. Das ist doch phantastisch: Eine ganze Vorstellungswelt eröffnet sich durch einen Code von sechs Wörtern!

Zweierlei können wir in diesem eindrucksvollen Beispiel festhalten. Es gibt keinen Begriff und keine Abstraktion ohne das konkrete Vorbild. Man muß sich eine Sache vorstellen können, um einen Begriff davon zu haben. Ist das der Fall, so kann man Vorstellung und Begriffe immer weiter ausbauen, sich von der konkreten Form entfernen; aber wenn beim Partner das Verständnis abreißt, muß man wieder auf die konkrete Erfahrung zurückführen und neue Verbindungslinien knüpfen.

Und zum anderen: Dieses phantastische Gehirn leistet als Informationsspeicher und Instrument der Kommunikation mehr als jeder Elektronenrechner. Es gibt keine Erfindung und keine Möglichkeit des Gedankens, die nicht im lebendigen Organismus existiert. Auch der Computer ist eine Erfindung des Gehirns und kann nur Aufgaben erfüllen, die ihm menschliche Gedanken setzen. Seine scheinbare Überlegenheit zeigt eher seine Grenzen: Er kann schneller arbeiten, Informationen verknüpfen und Daten ausspucken als unser Gehirn – aber nur, weil er für diese speziellen Aufgaben konstruiert und programmiert wurde. Vom Umfang der Fähigkeiten her betrachtet ist ihm jedes Gehirn überlegen. Und außerdem sind die Informationen des Elektronenrechners immer nur sachbezogen, sie haben keine kommunikative Qualität und Klangfarbe.

Sachbezogen nenne ich hier eine Information, die praktisch auf der Ebene der technischen Beschreibung, der unpersönlichen Aussage geliefert wird. Ich sage etwas ohne eigene Beteiligung und Stellungnahme – und das ist höchst selten. Denn tatsächlich schwingt in jedem Satz, den ich formuliere, in jedem Wort, das ich artikuliere, etwas von meiner eigenen Einstellung zu dieser Information mit. Jede solche Stellungnahme erweckt in mir und anderen assoziative Vitalitätsunterschiede, die auch auf Stimmodulation und Gefühle übertragen werden. Jedes Gefühl und erst recht die Emotionen mobilisieren im Körper einen Energiewechsel, durch den wir diesen Zustand erleben. Das gilt natürlich auch für unser Sprechen. Wenn jemand in gleichbleibender Stimmlage und monotonem Stimmklang ohne jeden Vitalitätsakzent erklärt: Ich bin traurig, ich bin zufrieden, ich bin glücklich, mir geht es gut – dann ist zwar die Information jeweils eindeutig, aber wir würden sie so nicht akzeptieren. Sie klingt nicht überzeugend, weil die Beziehung zu dem entsprechenden Körperbefinden und das Erlebnis dieses Zustandes nicht spürbar wird. Die verbale Aussage ist eindeutig, aber im kommunikativen Gesamtzusammenhang widersprüchlich. Der Körper negiert durch Stimme und Haltung die Position des Wortes. Sprache und Körper müssen übereinstimmen. Je stärker sie miteinander die Form des Erlebens vermitteln, desto überzeugender wirkt der Mensch und seine Aussage.

Diese Harmonie muß auch auf dem umgekehrten Wege erst hergestellt werden: Wenn eine Information von außen kommt und eine Erfahrung ersetzen soll. Wieviel taugt ein Erfahrungswert, den ich übernehme, aber selbst nicht geprüft habe? In der Regel resultieren daraus vollmundige Prinzipien, die sich bei der ersten Belastung durch eigene Erfahrung als Lippenbekenntnisse enthüllen. Nehmen wir ein bitteres Beispiel.

Die Mutter ist Witwe, die eine Tante geschieden, die andere eine alte Jungfer, und mit diesen drei Frauen wächst ein Mädchen in einem Provinznest heran. Sie bringen ihm bei, daß Männer eine zwar nicht ganz vermeidliche, aber eigentlich höchst überflüssige und im besonderen unzuverlässige und ärgerliche Geschlechtsform der Spezies Mensch darstellen, auf die man sich nie einlassen sollte. Durch lebenslange Überzeugungsarbeit wird diese Sekundärerfahrung für das junge Mädchen zum fixen Begriff. Es redet in der Klasse so daher und gilt als verschroben; es verhält sich so den Jungen gegenüber und gilt als hochnäsig. Aber dann kommt eben einer daher, und der ist ganz toll. Jetzt ist es ganz gleichgültig, ob sie ihn abwehrt oder sich einläßt, denn der Konflikt ist unausweichlich. Die eigene Erfahrung des Gefühles oder des Erlebnisses bedeuten ihr, daß dies eine wunderbare Sache ist. Die Prinzipien, die Sollwerte in ihrem Kopf sprechen absolut dagegen. Und Mutter und Tanten sind entsetzt. Wem soll sie jetzt vertrauen – den verbalen Erfahrungswerten, den akuten Kommentaren der verwandten Autoritäten oder der Überzeugungskraft eigener Erfahrung? Ihre gesamte persönliche Wertbildung steht in Frage – was ist nun gut oder schlecht? Sie wird durch Krisen taumeln und alles, was ihr bisher vertraut und natürlich schien, von neuem prüfen müssen, als ob sie neu geboren wäre. Man kann das zuspitzen auf den Satz: Es gibt keine Erfahrungen außerhalb des eigenen Körpers. Erst wenn wir uns in Harmonie mit ihm befinden, sind wir wirklich wir selbst.

Individualität und Normalität

Ist natürlich, was uns vertraut ist, normal, was wir gewohnt sind? Wenn wir von natürlichem Verhalten sprechen, so deuten wir damit eine Übereinstimmung mit der Natur an, mit biologischer Gesetzmäßigkeit. Aber so wörtlich meinen wir das gar nicht. Kein Mensch lebt biologisch korrekt, auch das Leben der grünen Alternativen steckt voller Kompromisse, und wollten wir alle mit Rousseau »Zurück zur Natur« – es gäbe in unseren übersiedelten Regionen weder genügend Höhlen, in denen wir uns bergen, noch genügend Bäume, auf die wir klettern könnten. Wir können vor den Zustand zivilisatorischer Entwicklung nicht mehr zurückgehen und nur durch die vernünftige Nutzung des menschlichen Fortschrittes über den Naturzustand hinaus überleben. Es ist eine alte Sehnsucht und ein schöner Wunsch – aber praktisch lassen sich das Ereignis »Natur« und der Begriff »natürlich« mit dem menschlichen Verhalten zur Natur nicht mehr unter einen Hut bringen. Wir nennen unser Verhalten »natürlich«, wenn wir uns so zu verhalten gewohnt sind, und erklären das für normal. Abweichungen von dieser Norm erscheinen uns fremdartig, willkürlich und unnatürlich. Das gilt für uns selbst wie für andere. Wenn ich bei mir selbst an eine bestimmte ruhige Reaktionsweise gewohnt bin, werde ich einen Zustand der Erregung mit unkontrollierten Reaktionen für unnatürlich halten. Wenn ich mit dem Erscheinungsbild eines anderen Menschen große Gesten und einen auffallenden Habitus als selbstverständlich verbinde, werde ich bei mir oder einem dritten, die sich in sparsamen Gebärden ausdrücken, derartige Verhaltenszüge dennoch als unpassend ansehen und nicht akzeptieren. Der Verstoß gegen Gewohnheit und Erwartung setzt mich in Verlegenheit, bringt einen Bruch in die Beziehung und wird als »unnatürlich« deklariert. Und insoweit, nur insoweit, folgt jeder seiner eigenen Natur. Sie ist Signum und Charakteristikum seiner Eigenart und Individualität.

Das Urteil, ob eine Bewegungsart natürlich oder »normal« ist, setzt die Beobachtung und Kenntnis der gewöhnlichen Ausdrucksweise dieser Person voraus. In einigen Fällen werden uns die Ursachen der Abweichungen vom gewohnten Verhalten unmittelbar einsichtig, und wir akzeptieren sie deshalb oder gewinnen weitere Kenntnisse über diese Person. Sie steht unter starken Emotionen wie tiefer Trauer oder überschwenglicher Freude und benimmt sich völlig ungewohnt – akzeptiert, eine neue Verhaltensfarbe ist entdeckt und registriert. Sie gerät in unvermutete Verlegenheit oder eine persönliche Zwangslage und erweist sich als überraschend verkrampft und unbeholfen – akzeptiert, ein neues Verständnis ist gewonnen. Und solche Verhaltenserfahrungen erstrecken sich auch auf uns selbst. In der Selbstbeobachtung lernen wir, welchen Veränderungen unser Verhalten in bestimmten Situationen unterliegt – empfinden es selbst als gekünstelt, aufgesetzt, unnatürlich. Es ist aber nur eine unbewältigte Variante des uns eigenen natürlichen Verhaltens.

Die Natürlichkeit einer Person ist der Ausdruck ihrer Identität. Jede Gestalt und jedes Individuum identifizieren wir nach Kategorien der Form und der Farbe, des Geruches und Klanges, der Art und Intensität der Bewegung etc. Die Kombination und die Akzente dieser Kategorien werden als typische Eigenschaften eben dieses Individuums registriert: Merkmale seiner Identität. Jeder Mensch hat seine elementaren Eigenschaften durch die genetische Information erhalten: Physiognomie und Gestalt, Temperament und Intensitätsbegabung. Sie unterscheiden ihn von allen anderen Menschen, und er kann sie nicht verlieren. Kein Mensch kann sich selbst verlieren, und deshalb meine ich, man kann sich selbst auch nicht »finden«. Finden kann man nur, was man verloren hat; unser Problem ist eher, uns zu uns selbst zu bekennen. Verlieren kann der Mensch Orientierung und Ziel, Lebensinhalt und Sinn des Lebens in Frage stellen. Aber sich selbst, seine Identität kann er weder verlieren noch in Frage stellen. Ändern allerdings kann er sich, denn der größere Teil unserer individuellen Eigenschaften ist nicht angeboren, sondern erworben.

Zum Glück kann man die angewöhnten Formen nicht über

Auch große Bewegungen können vollkommen natürlich wirken.

Nacht verändern, denn die Wirkung wäre für uns selbst ziemlich verheerend. Jemand, der von einem Tag auf den anderen ein völlig anderes Gebaren zeigt, wirkt unnatürlich, gekünstelt, befremdlich. Man soll in Übereinstimmung mit seinem natürlichen Gesamtverhalten bleiben, doch man muß sich auch bewußt machen: Die Information, die ich durch meinen Körper und seine Ausdrucksformen gebe, bestimmt, wie ich wirke! Wenn ich zu dem Schluß komme, daß diese Wirkung auf andere nicht meinen Absichten oder Vorstellungen entspricht, so suche ich, sie zu korrigieren – verbal oder durch die Sprache meines Körpers. Doch das darf nicht zu abrupt geschehen, denn wir bemessen Menschen danach, ob ihr Verhalten unseren gewohnten Erwartungen adäquat oder inadäquat ist. Wenn bestimmte Erscheinungsbilder und Formen diesen Erwartungen nicht entsprechen, nicht beherrscht werden und aufgesetzt scheinen, wird dies Verhalten als inadäquat empfunden, und der ganze Mensch wirkt sofort unglaubwürdig. Man schenkt ihm kein Vertrauen, und alles läuft für ihn schief.

In der Regel verändern wir unser Verhalten allmählich durch neue Einsichten, die uns zuwachsen, durch Überzeugungen und Anschauungen, zu denen wir uns bekennen, oder durch Menschen, mit denen wir zusammenleben oder die wir bewundern. Ihr Verhalten färbt auf uns ab, sagt man, sie sind uns Vor-bild. Auch diese Veränderung wirkt auf andere Menschen, denen wir seltener begegnen, zunächst fremd und verlangt von ihnen eine neue Stellungnahme, denn der Istwert stimmt nicht mehr mit ihrem Sollwert überein. Das irritiert natürlich, stört, und führt leicht zu der ärgerlichen Beschwerde: Aber du warst doch immer so! – als ob ein Mensch auch immer so bleiben müsse. Doch Menschen ändern sich. Durch Schicksalsschläge oder Kriegserlebnisse, durch Karrieresprünge oder Knasterfahrungen – wir alle kennen solche Beispiele, die eine Physiognomie und das ganze Verhalten verwandeln können. Sie verändern sich mit dem Altern und durch die Erfahrungen des Alltags eigentlich unablässig. Es ist an uns, darauf ständig gefaßt zu sein, es zu akzeptieren, unser Bild zu korrigieren und eine neue Kommunikation aufzubauen.

Es ist wichtig, daß wir unsere eigene Person in diesen Prozeß dauernder Veränderung prüfend einbeziehen. Jemand überrascht uns durch eine ganz ungewohnte Geste und wir machen ihn auf diese neue Angewohnheit aufmerksam – er wird diese Tatsache oder zumindest ihre Neuigkeit vehement bestreiten, denn für ihn ist das längst eine Gewohnheit, die er so schon nicht mehr wahrnimmt. Für uns selbst gilt das gleiche. Es ist wie bei jemandem, der neben einer vielbefahrenen Bahnstrecke wohnt. Er nimmt die regelmäßig wiederkehrende Geräuschbelästigung gar nicht mehr wahr – doch er wird zumindest im Unterbewußtsein registrieren, wenn der 4-Uhr-20-Zug ausfällt und eine Abweichung von der natürlichen Wiederholung vorliegt.

So müssen wir uns selbst auch die Frage stellen: Ist mir bewußt, daß ich dauernd Signale gebe, die auf andere wirken? Wenn ich das außer acht lasse oder leugne, baue ich mir eine hermetisch geschlossene Welt, eine subjektive Weltsicht, und nehme mich selbst aus dem Spiel heraus. Richtig müßte ich fragen: Wer sendet bei den Wechselbeziehungen zwischen mir und meiner Umwelt den Reiz und wer antwortet mit einem Reflex? Ist das Feedback, das ich erhalte, Antwort auf einen von mir ausgestrahlten Reiz — oder reagiere ich wirklich als erster auf einen Reiz, beginnt die Rückkopplung erst mit mir?

Kein Mensch ist frei von Werten und von Wertigkeiten. Was ich erlebe, ist nicht immer das, was der andere mir von sich aus sagen will, sondern oft schon Antwort auf mein mir unbewußtes Verhalten. Er kommt mir aggressiv — aber vielleicht ist gar nicht er der aggressive Anstifter, sondern ich habe Reize ausgeschickt, die ihn erst so reagieren lassen? Er kam eigentlich mit einer ganz freundlichen Bitte — doch ich saß gerade in Gedanken und schickte einen Blick zum Fenster, war abwesend und hob die Nase oder spielte mit dem Autoschlüssel, den er vor sich auf den Tisch gelegt hatte. Da wurde aus der Bitte eine Forderung. Zu einer Kommunikation gehören immer zwei, und sie entsteht aus Reiz und Antwort. Nicht selten zwingen wir den anderen durch unser Verhalten in eine Rolle, die er so nicht beabsichtigt hatte. Wir schaffen eine Situation, und ihm bleibt nichts anderes, als auf unsere Reize zu antworten und sich nach unseren Spielregeln zu richten.

Wenn ich ängstlich bin ohne unmittelbaren Anlaß oder erkennbaren Grund, so sind doch meine Sinne hoch sensibilisiert. Sie funktionieren jetzt wie eine Alarmanlage und interpretieren jede Bewegung und jede Gestalt, die sich mir nähert, als Gefahr. Wenn jetzt jemand auf mich zutritt, die Hand ausstreckt oder auch nur abwartend vor mir stehenbleibt — so registriere ich das als Bedrohung. Wie freundlich seine Absicht auch sein mag — meine Angst ist stärker und stempelt ihn zum Aggressor. Ich zwinge ihm diese Rolle auf, und mein Mißtrauen bleibt auch noch wach, wenn er aus dem bedrohlich empfundenen Nahbereich zurücktritt.

Eine Frau, die voller Mißtrauen gegen Männer ist, wird jedes Zeichen der Annäherung oder Zuneigung eines Mannes auf negative Weise interpretieren und die üble Absicht dahinter suchen: Er will mich einwickeln, ins Bett kriegen, abhängig machen — was immer. Sie baut eine Beziehungsqualität auf, die einer offenen Kommunikation von vornherein fast jede Chance nimmt.

Welche Rolle die Körpersprache in dieser Wechselwirkung spielt? Es gibt den unauflöslichen Zusammenhang von Muskelbewe-

Muskelbewegungen bestimmen auch unsere Gefühle: Mit hochgezogenen Brauen kann man nicht aggressiv wirken.

gung und innerem Gefühl. Ein Selbstversuch macht das sofort deutlich: Augenbrauen hochziehen – und jetzt aggressiv sein. Das ist kaum möglich, denn man wirkt eher komisch. Aber: Augenbrauen zusammenziehen – und schon klappt es mit der Aggression. Eine Körperbewegung kann Gefühle blockieren, aber sie kann sie auch erzeugen. Und sie wirkt auf den anderen als Reiz, noch bevor wir uns dessen bewußt sind.

Den größeren Teil der Mimik, Gebärden und Gesten, mit denen wir uns gegenüber anderen ausdrücken, haben wir uns durch Nachahmung oder Erziehung angewöhnt. Sie dienen dazu, unsere Gefühle darzustellen, und sind, bei aller Subjektivität und Individualität, ein allgemein verbindlicher Code. Das heißt aber auch umgekehrt, daß diese uns angewöhnte Bewegungsweise unsere Gefühle mitbedingt.

Die bedingten Reflexe

Erziehung ist der Versuch, die Reaktionen von Menschen zu planen, damit wir mit dieser Gruppe von Menschen planen können. Das funktioniert am besten im engen Kreis der Familie, in der jeder seine Ausdrucks- und Bewegungsweise erlernt. Die nächste Stufe des gemeinsamen Code stellt die soziale Schicht dar, der diese Familie angehört. Dann gibt es Verhaltensnormen, die durch Peer groups – die Menschen, mit denen man unmittelbaren gesellschaftlichen Umgang hat – und durch die Bedingungen der Arbeitswelt und des Berufes gesetzt werden. Wir erwähnten schon, daß nicht allein individuelle Eigenschaften, sondern auch die soziale Position und der gesellschaftliche Rang einer Person aus den Merkmalen ihrer Körpersprache zu erkennen sind. Das reicht schließlich bis zu den sogenannten typischen Kennzeichen nationaler Zugehörigkeit oder eines bestimmten Kulturkreises – ein typischer Engländer, Italiener oder Schwede, ein Südländer oder Orientale.

Wie kommen nun diese »typischen« Eigenschaften zustande? Wie kann man davon sprechen, daß in der Erziehung ein Plan steckt, der gesellschaftliche Normen und das jeweilige Ordnungssystem dieser Gesellschaft auf den Nachwuchs absichtsvoll überträgt? Wie einfach das abläuft, ist uns durch Pawlows »Untersuchung der bedingten Reflexe« klargeworden: Er hat entdeckt, daß es außer den angeborenen natürlichen Reflexen eines Organismus noch ein System angelernter Reaktionen gibt, das dem Reflexsystem ähnlich ist, und nannte es die »bedingten« Reflexe.

Das Experiment, mit dem Pawlow diese Vermutung nachwies, ist so einfach wie überzeugend. Immer wenn ein Hund etwas zu fressen bekam, leuchtete eine rote Lampe auf. Das waren zwei gleichzeitige Signale: fressen und Lampe. Die Magensäfte kommen in Schwung, das Futter wartet. Durch die Wiederholung der Erfahrung verkoppeln sich die beiden Signale fressen und Lampe. Eines Tages leuchtet die Lampe auf, aber es ist kein Futter da. Der Hund nimmt wahr, daß der Napf leer ist – aber sein Körper reagiert genau so, als sei da Futter, die Magensäfte werden stimuliert, die Erwartung Futter bestimmt seine Reaktion. Die rote Lampe hat diese Erwartung ausgelöst: eine reflektorische Reaktion, ein bedingter Reflex. Es ist zwar unlogisch, so zu reagieren, weil der Gegenbeweis durch die sinnliche Wahrnehmung ja gegeben ist. Auge, Nase, Zunge sagen: Kein Futter da. Der Körper reagiert dennoch.

Diese Methode findet auch in der Erziehung Anwendung. Bestimmte Bedürfnisse und Erlebnisse werden mit Begleiterscheinungen verknüpft, und schließlich reagiert der Mensch nicht allein auf das primäre Signal, sondern auf das begleitende. Bei der Nahrungsaufnahme zum Beispiel wird ein bestimmtes Wohlverhalten erst durch Verweigerung erzwungen und dann mit vermehrter Zuwendung belohnt. Die Form dieser Zuwendung verspricht also die Befriedigung von Bedürfnissen und ist zu erreichen durch eben dieses Wohlverhalten. Irgendwann löst dann die Zuwendungsform bereits Wohlverhalten aus, das vom Anlaß »Futter« abgekoppelt ist – ein bedingter Reflex. Das ist nichts Schlechtes. Es bedeutet aber, daß wir durch die Wiederholung von Erlebnissen und Erfahrungen und ihre Verknüpfung mit Nebenerscheinungen – wie Lohn oder Strafe – ein Verhalten dressieren und beliebige Reaktionen manipulieren können. Diese »bedingten Reflexe« sind im angeborenen genetischen Code nicht programmiert, sondern sie werden durch das Mittel der wiederholten Verknüpfung von Erfahrungen anerzogen. Meist funktionieren sie dann ebenso zuverlässig wie die natürlichen Reflexe.

Ich will für die Wirkung solch sozialer Normierung ein paar überdeutliche Beispiele nennen. Ein Mann hätte allen Grund, eine üble Beleidigung spontan mit einer Ohrfeige zu beantworten – natürlicher Reflex. Aber die Person ist eine Frau – Hemmschwelle, bedingter Reflex. In einer Dorfkneipe unterhält sich eine Männerrunde mit lautstarken Zoten, ein Priester betritt den Raum – verlegenes Schweigen, bedingter Reflex. Oder ein Beispiel für die bewußte Nutzung des bedingten Reflexes: Wofür sollte all der Drill und das schematische Exerzieren in Armeen und Kasernenhöfen dienen, wenn nicht dazu, die Leute im Ernstfall gegen ihre natürlichen (Flucht-)Reflexe mit den bedingten Reflexen automatischer Handlungsabläufe reagieren zu lassen – ob sie nun in Linie ins Feuer marschieren oder mit sturen Handgriffen ihre Geschütze »bedienen«.

Erziehung ist die grundlegende Einführung in soziales Verhalten. Sie hat ihre eigenen Methoden in der Familie, dann in der sozialen Gruppe, der Kulturgruppe, der Nation, dem Kulturkreis. So vergrößert sich konzentrisch der Kreis der Menschen, für die jeweils gleiche Identifikationsformen gelten. Diese Möglichkeit gemeinsamer Identifikation ist unabdingbar, weil eine Gruppe nur existieren kann, wenn die Reaktionen all ihrer Mitglieder absehbar sind. Ohne Ordnung und Planung kann sich ein Gruppenleben nicht entwickeln. Eine elementare Ordnung ist durch die Natur und unseren genetischen Code vorgegeben. Eine Gesellschaft muß nun dafür sorgen, daß ihre Mitglieder auf bestimmte Reize auch mit gleichen Antworten reagieren. Wenn man weiß, die Leute werden in diesem Falle so und in jenem anders reagieren, dann kann man mit ihnen planen und für sie Pläne machen, denen sie wahrscheinlich folgen werden.

Planung ist die Vorgabe eines gewünschten Verhaltens. Um die Erfolgswahrscheinlichkeit zu erhöhen, muß man das Risiko von Abweichungen verkleinern. Die einfachste Lösung ist, unkontrollierte Spontaneität und Emotionen zu blockieren. Dazu braucht man nur die Bewegungsäußerungen zu beherrschen und unter Kontrolle zu stellen. Um das gewünschte Verhalten zu stimulieren, bedient man sich der Mittel Belohnung und Strafe. Lob, Liebe und öffentliche

Anerkennung begleiten ein Verhalten, das dem Wohle der Gesellschaft dient – dem Plan. Mit Liebesentzug, Mißachtung und abgestuften Strafmaßnahmen wird ein Verhalten bedroht und verfolgt, das die gemeinsamen Ziele der Gruppe oder Gesellschaft stört. Es gehört zum Plan, daß dabei auch so subtile Konditionierungsmittel wie individuelles schlechtes Gewissen oder kollektive Schuldgefühle entwickelt werden. Je höher und komplexer die Formen einer Gesellschaft entwickelt sind, desto größer wird der Zwang zur Planung. Wir können leicht feststellen, daß hochindustrialisierte Länder – ebenso wie Staaten mit strikt zentralistischen oder diktatorischen Herrschaftsstrukturen! – die strengsten Erziehungssysteme haben. Es ist der Grad der Organisationsnotwendigkeit, der auf die Rigorosität der Erziehungsformen zurückwirkt. Andererseits ist zu beobachten, daß südliche Länder mit geringerer Industrialisierung oder von stärker agrarischem Charakter auch eine lockerere Art der Erziehung und mehr Raum zur Improvisation anbieten.

Was hier allgemein formuliert ist, können wir auch an der eigenen Erfahrung überprüfen. Von Geburt an erleben wir: Ein gutes

Ganz ungewollt – doch wie rasch wird Erziehung zur Dressur.

Kind ist, wer die Wünsche der Eltern befolgt, und Lob und Liebe sind der Lohn. Ein Kind, das den eigenen Wünschen folgt, ist ein böses Kind, und Ärger und Liebesentzug sind die Strafe. Ein braver Mann und guter Bürger ist, wer dem zentralen politischen Plan ohne Widerspruch folgt; als schlechter Bürger verdächtig, wer Opposition betreibt und Änderungen verlangt. Wer den Spielraum nutzt, ein beweglicher Geist, gilt rasch als unruhiger Geist, als Unruhestifter gar. Wer unauffällig in den gesteckten Bahnen bleibt, auf den wartet am Ende die Verdienstmedaille für ziviles Verhalten. Ist es ein Wunder, daß unsere gesamte Erziehung auf ein armes Bewegungsrepertoire zielt?

Je einfacher das Bewegungsvokabular ist, desto besser eignet es sich zur Manipulation; je reicher das Bewegungsvokabular, desto komplizierter die Kontrolle. Die zur gesellschaftlichen Kommunikation notwendige Ergänzung des Körperausdrucks entwickeln wir in der Sprache. Da sie eine sehr einfache und eindeutige Verständigung ermöglicht, gilt ihr in der Erziehung auch das Hauptinteresse, und das Körpervokabular bleibt arm. Das bietet noch einen zweiten Vorteil: Die verbale Sprache ist ein abgemachter Code und in ihren Inhalten schon Träger des Planes. Der Körper reagiert spontan, die Sprache unterliegt der Norm und ist selbst ein Kontrollinstrument.

Selbstbewußtsein

Erziehung vollzieht sich auf zwei Wegen: Durch gestische und verbale Anweisungen zum einen und zum anderen über den Reiz, das Verhalten anderer nachzuahmen. Durch Nachahmung nehmen Kinder gewisse Bewegungsweisen der Familie, Jugendliche und Erwachsene bestimmte Umgangsformen ihrer Umgebung an. Damit gleicht sich der Mensch dem Reichtum oder der Armut der emotionellen Erfahrungsmöglichkeiten seiner unmittelbaren Umwelt an. Er übernimmt deren Züge – oder er widersteht, behauptet seine Eigenart. Dafür zwei Beispiele.

Für eine angenommene Familie ist charakteristisch, daß alle mit heruntergefallener, eingesunkener Brust herumlaufen und die Miene der Gesichter sich kaum bewegt. In dieser Familie, das ist sicher, wird nicht viel direkt und spontan erlebt und besprochen. Die Emotionen werden zurückgehalten, damit keine Reize erzeugt werden und keine Konfrontationen entstehen – und alle fühlen sich dabei ganz wohl, denn alle bewegen sich in der gleichen Weise. Man kann da nicht von richtig oder von falsch sprechen, von positiver oder negativer Umgangsweise. Für diese Gruppe ist dies nun einmal positiv ihre Art.

In der gleichen Familie kann aber ein Kind leben, das sich nach eigenem Rhythmus völlig frei bewegt. Man kann es ob dieser Selbständigkeit beneiden und bewundern oder auch hassen, weil sie eben das Gefüge stört. Sicher ist: Eine ausgeglichene und konfliktfreie Beziehung kann zwischen ihm und den anderen nicht entstehen. Es konfrontiert die Familie mit großen Bewegungen, großen Emotionen, großen Erlebnissen, an die sie alle nicht gewöhnt sind. Es zwingt sie zur Stellungnahme und einer Erlebnisaufnahme, die sie vermeiden wollen. Sie werden sich wohler fühlen, wenn dieses Kind gerade nicht in der Runde ist, zugleich aber Sehnsucht empfinden nach seiner Provokation – ein legitimer Zwiespalt der Gefühle.

Wo aber hat dieses Kind diese völlig abweichende Art her, wenn es doch in der gleichen Umgebung aufwächst? Nun, man kann den einen eben leichter erziehen und dressieren als den anderen – aber zunächst einmal ist der Grundrhythmus jeden Kindes individuell. Wir werden nicht mit den gleichen Formen geboren, und auch die selektive Aufnahme der Umgebung ist individuell verschieden. Zwei Kinder derselben Familie können sich sehr unterschiedlich entfalten, weil jedes nach eigener Wertung aufnimmt. Das eine Kind verzichtet auf ein starkes Erlebnis und die Wiederholung dieser angenehmen Erfahrung, weil es der strafende Blick des Vaters schreckt und es seine Belohnung und Anerkennung dringend verlangt, gutes Kind sein will. Das andere Kind schätzt dieses Erlebnis und die damit verbundene Erfahrung höher ein als die zu fürchtende Strafe. Seine Wertung ist anders, und um dieses stärkeren Erlebnisses willen ist es bereit, den Widerstand der Familie auf sich zu nehmen. Auf diese Weise behauptet es seinen ursprünglichen Rhythmus gegen den Versuch, ihn dem der anderen anzugleichen.

Was den Anpassungsdruck in dieser Familie bestimmt, gilt auch für das Erziehungsverhalten in der geplanten Gesellschaft. Man will die Menschen dazu bringen, weniger zu erleben, sich mit kleinem Vokabular zu bescheiden, funktionell zu reagieren, Emotionen zu unterdrücken, die individuellen Möglichkeiten nicht auszuloten. Verlangt sind rationelles Denken und funktionelles Handeln als positive Grundwerte. Emotionalität ist anrüchig, gilt als Schwäche und erweckt Angst. Aber können wir ohne Emotionen leben? Im Gegenteil. Emotionen bilden unsere stärksten Motivationen und unser deutlichstes Verständigungsmittel. Wenn mir jemand seine Emotionen erzählt oder ausdrückt, so kann ich ihn besser verstehen, und er fühlt sich von mir in seinem Selbstwert wahrgenommen. Ein Beispiel.

Eine Besprechung schleppt sich mühsam und ergebnislos dahin, eigentlich sind alle frustriert. Da platzt ein Mitarbeiter mit einem spontanen Kommentar und einem überraschend einfachen Vorschlag heraus. Was passiert? Er wird von der verschreckten Runde prompt zurechtgewiesen, das sei aber höchst emotional! Keiner hat

Auch wenn das Kind die »kalte Schulter« zeigt und Ablehnung demonstriert – geduldige Erklärung auf gleicher Ebene wird es bewegen, seine Haltung zu öffnen.

nachgedacht, ob an dem Einwurf etwas dran war; er war einfach emotional und darum unangebracht. Das Ergebnis: Eine Möglichkeit ist vertan und ein Mitarbeiter verprellt. Wenn der Chef ihn dann mit einem Arbeitsauftrag entläßt, werden sich bald vor ihm unlösbare Probleme auftürmen. Er fühlt sich überarbeitet, müde, geht um sechs nach Hause. Und spielt drei Stunden Tennis.

Wie anders hätte sich die gleiche Situation entwickeln können, wenn man diese Reaktion angenommen hätte?! Welche Motivation hätte sich für diesen und andere Mitarbeiter ergeben können, wenn man auf solchen Einwurf einginge, ihn durchspielte und damit ausdrückte: Ich habe dich verstanden, du suchst einen Ausweg wie wir alle, versuchen wir's mal auf diese Weise! Es hätte den Mitarbeiter motiviert, der selbst weiß, daß sein spontaner Einfall erst überdacht und dann mit dem Kopf eine Entscheidung getroffen werden muß; und auch den anderen Mut gemacht, sich aller Möglichkeiten zu erinnern, die ihnen eigen sind, und sie einzusetzen.

Emotion ist eine Schwäche höchstens dann, wenn wir sie nicht als solche erkennen. Wenn wir uns unserer Emotionen bewußt

Selbstbewußtsein: Zufrieden ziehe ich mich von meinem Schreibtisch zurück. Ich habe meine Entscheidung getroffen, meine Position festgelegt, und nun bin ich darauf gefaßt, sie mit den Ellbogen gegen alle Angriffe zu behaupten.

sind, sie als Examensangst oder Schwäche gegenüber Frauen oder Scheu vor harten Entscheidungen oder Übermut eingestehen und von anderen darin akzeptiert werden, können sie zum Antrieb und Instrument einer besseren Kommunikation werden. Dann haben wir keine Angst, jemandem zu sagen: Ich finde dich sehr sympathisch, aber zu deinem Vorschlag muß ich nein sagen, weil er mir nichts bringt. Und der andere wird nicht beleidigt sein und begreifen, daß wir bei einer anderen Gelegenheit sehr wohl zusammenkommen können. Doch wenn wir, unsere Emotionen unterdrückend und umgehend, konventionell nein sagten und erleichtert die Tür schlössen – käme der andere wieder?

Wir müssen mit unseren Emotionen nicht nur leben – wir sollten sie auch zeigen und mit ihnen offen umzugehen lernen. Wir können uns ihnen überlassen, dann ist Unbeherrschtheit die Folge; wir können sie unterdrücken, dann explodieren sie am Ende mit unkontrollierter Wucht. Beides kommt häufig genug vor. Doch wenn wir unser selbst bewußt die eigenen Emotionen wahrnehmen und die der anderen aufnehmen und einander zugestehen, werden wir zu besserer Balance und Harmonie finden. Im Herzen reagieren wir emotionell, Entscheidungen treffen wir mit dem Kopf. Und wie oft sagt der Kopf nein, wenn unser Herz begehrt. Fast scheint mir: Zu oft, weil wir der Überzeugungskraft unserer Emotionen nicht trauen und zu wenig von der Art Selbstbewußtsein besitzen, die unserem Kopf den Umgang mit ihnen erlaubt.

Der aufrechte Gang

Der Mensch ist das Wesen mit dem aufrechten Gang. Als sich irgendwann in der biologischen Entwicklungskette ein Primat auf den Hinterbeinen erhob, sich angewöhnte, sie als alleinige Gehwerkzeuge und seine vorderen Gliedmaßen als Greifinstrumente zu benutzen, begann die Geschichte des Menschen. Als Kleinkind vollzieht jeder Mensch diese jahrmillionenlange Entwicklung in wenigen Monaten nach. Von Natur aus bewegt es sich auf allen vieren, sobald die Muskelkraft dazu ausreicht. Balanceprobleme gibt es da kaum. Aber ringsum bewegen sich alle auf zwei Beinen. Der Drang zur Nachahmung treibt es dazu, dies auch zu versuchen. Ein Bettgestell, ein Stuhlbein, eine Möbelkante dienen als Hilfe, sich aufzurichten. Doch es ist schwer, den Körper in dieser hochgereckten Form in Gleichgewicht zu bringen. Das Baby sackt zusammen. Es wiederholt die Übung, stürzt. Es wiederholt, taumelt, fällt. Es wiederholt so lange, bis es steht, ohne Hilfe steht. Das ist ein wunderbarer Vorgang und kein Wunder, daß alle Eltern ihn als einschneidendes Erlebnis empfinden.

Der Muskeltonus: Man spürt förmlich, wie die Energie durch alle Gliedmaßen zum Kopf hinaufströmt und den Körper in Spannung setzt.

Denn es ist ziemlich kompliziert, aufrecht zu stehen, alle Gelenke zu beherrschen, um sich der vertikalen Streckung des Körpers dienstbar zu machen. Natürlich, dazu haben wir wie alle tierischen Lebewesen Muskeln. Doch bei den Tieren geht die Energieströmung, die diese Muskeln in Spannung versetzt, von vorne nach hinten; man braucht nur zu beobachten, wie ein Vierbeiner sich aus liegender Stellung erhebt und in Gang setzt. Allein beim Menschen hat dieser Strom durch den aufrechten Gang eine neue Richtung entwickelt: er geht von unten nach oben. Man muß aber noch lernen, diesen Energiestrom von den Füßen zum Kopf hinaus zu mobilisieren, um zum notwendigen Muskeltonus zu gelangen: Der *Muskeltonus* ist die Spannung, die die Muskeln brauchen, um den Körper aufrecht zu halten. Wenn sie richtig eingesetzt ist, steht der Mensch aufrecht und sicher in lockerer Haltung. Und das ist schon ein Wunder: Man muß nur die kleine Standfläche des Fußes und das schmale Gelenk seiner Fessel mit der Länge des Körpers vergleichen!

Dann kommt der nächste, nein – der erste Schritt. Hände und Arme sind frei und können aktiv werden. Sie werden – zuerst unbeholfen, später selbstverständlich und unbewußt – als Balancehilfe gebraucht, um den Körper in Bewegung zu setzen. Ein neues Risiko: Gerade erst sind durch den richtigen Energiestrom und Muskeltonus alle Gelenke in den »Stand« gesetzt, den Körper aufrecht zu tragen – jetzt müssen sie mit neuer Energierichtung und neuem Muskeltonus den Körper in gleicher aufrechter Haltung auch noch in »Gang« setzen, in Bewegung nach vorne bringen! Geht das? Zu viel Energie, zu wenig Balance: das Baby stürzt. Es richtet sich wieder auf, steht – das kann es schon! – und versucht es von neuem: zu gehen. Nachahmung und Wiederholung sind Antriebe und Mittel, das Unglaubliche, was keinem anderen Lebewesen gegeben ist und beigebracht werden kann, schließlich zu lernen: den aufrechten Gang.

Wir nehmen die irdischen Wunder für so natürlich hin, daß uns die einfachsten nicht mehr auffallen, geschweige denn ihre Vielfalt. Denn nicht genug, daß sich der Mensch von Milliarden und Abermilliarden aller Lebewesen dieser Erde allein schon durch seinen aufrechten Gang unterscheidet – jeder unter den Milliarden Menschen dieser Erde hat auch eine andere Art zu gehen, zu stehen, sich zu bewegen und auszudrücken. Und diese Haltungs- und Bewegungsweise ist ein offenes Buch seiner Gewohnheiten und Neigungen, von Werten, die er sich bewußt gesetzt hat, und solchen, von denen er sich unbewußt leiten läßt. Doch man muß natürlich lernen, die Zeichen und Signale der Körpersprache zu lesen.

II Zeichen und Signale

Haltung

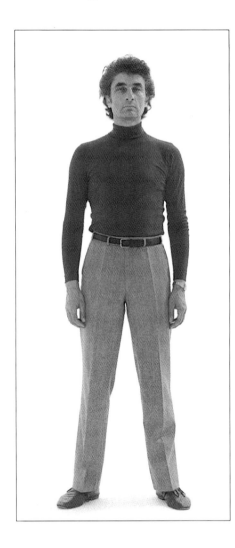

Objektiv steht man gerade, wenn sich das Knochengerüst des Körpers ohne Muskelanstrengung im Gleichgewicht befindet. Der Kopf ruht waagrecht im Nacken und der Blick ist geradeaus gerichtet. Die Schultern hängen gerade, Hände und Arme locker entlang des Körpers. Kopf, Hals und Wirbelsäule sind in eine gerade Linie gebracht, der Brustkorb hängt ohne Druck oder Zug in der Wirbelsäule. Das Becken unterstützt in gerader Position die darauf ruhenden Körperteile, die Beine schaffen in Beckenbreite die direkte Verbindung zur Erde, tragen das Gewicht des gesamten Körpers, das gleichmäßig zwischen Ferse und Ballen des Fußes verteilt ist. Wir haben das ganze Skelett in eine vertikale Linie gebracht, und durch den Zug der Schwerkraft stabilisiert sich der Körper; es ist, als sei er wie an einer Kette von oben gehalten. Die Energie strömt gleichmäßig durch die Muskeln den Körper hinauf und hinunter und schafft eine elastische Beziehung zu Erde und Raum. Solange dies geschieht, begegnen wir der Welt harmonisch.

Denn jeder Widerstand und jede Störung dieser Haltung bringt diesen Energiestrom zum Stau oder zur Entleerung. Das läßt sich ganz leicht demonstrieren.

Objektiv stehen nämlich nur wenige Menschen wirklich gerade. Was sie subjektiv als gerade Haltung empfinden, ist bei den meisten Menschen eine nach vorne hängende Haltung, die die Wirbelsäule mit einiger Muskelanstrengung belastet. Wenn ich diese Stellung zu einer objektiv geraden Haltung korrigiere und den Oberkörper zurücknehme, so haben die meisten das Gefühl, gleich auf den Rücken – oder umgekehrt: auf die Nase – zu fallen.

Das ist wieder ein Beispiel dafür, daß jeder als richtig registriert, was er gewöhnt ist: Der Mann wird behaupten, er stehe objektiv gerade, obwohl das nicht der Fall ist und nur subjektiv so empfunden wird. Objektiv belastet dieser Mensch seine Körperenergie nämlich beträchtlich und ständig, weil jede Abweichung von der objektiv geraden Haltung einen erheblichen Energieaufwand erfordert. Um das Gleichgewicht herzustellen und den Körper aufrecht zu halten, müssen wir diese Belastungsunterschiede kompensieren. Wenn beispielsweise der Brustkorb nach hinten zieht, so geht der Bauch automatisch nach vorne.

Standpunkte

Aus der Art aufrechten Stehens lassen sich Variationen der Körperaussage und der menschlichen Eigenart ablesen. Wer auf beiden Fußsohlen in gutem Kontakt mit dem Boden steht und in der Haltung das Gefühl von Festigkeit vermittelt, ist in der Regel auch ein realistischer Mensch. Er weiß, wo er steht, »er steht mit beiden Beinen auf der Erde«. Greifen dagegen die Zehen in die Erde – was man der Schuhe wegen meist freilich nur aus der Veränderung des Muskeltonus erschließen kann – so ist das ein Zeichen der Unsicherheit: Als ob der Boden unter den Füßen wegrutschen könnte. Solche Menschen werden sich auch an ihre Meinungen und Vorstellungen klammern.

Eigentlich ist das ein ganz selbstverständlicher Zusammenhang und eher verwunderlich, daß man ihn erklären muß. Solange jemand auf einem Punkt steht, möchte er auf diesem Punkt auch sicher sein und nicht davon abgebracht werden: Es ist sein Standpunkt. Wenn ich nun will, daß jemand seine Einstellung und Vorstellungen ändert, meinen Argumenten zugänglich wird, so muß ich auch versuchen, ihn von seinem »Standpunkt« physisch abzubringen: Er muß seine Stellung ändern. Nur eine Körperbewegung von diesem Punkt weg stimuliert neue Reize im Körper und damit auch neue Ideen und Überlegungen. Wenn ich selbst merke, daß ich meine Argumente wiederhole, muß auch ich meine Stellung ändern. Das bringt eine andere Gemütsverfassung, neues Blut und neue Stimulationen, einen anderen Gedanken- und Ideenfluß, andere Argumente.

Wenn Leute Briefe oder Aktennotizen diktieren, wenn sie Konzeptionen entwerfen oder kreative Gedankenarbeit leisten, so gehen sie oft hin und her, stehen zwischendurch auf und bewegen sich scheinbar ziel- und sinnlos. Tatsächlich stimulieren sie dadurch Körper und Gehirn, nehmen wechselnde Reize auf, schreiten Standpunkte ab. Ob das nun bewußt oder unbewußt geschieht: Man »umgeht« auf diese Weise die Gefahr, an einem Punkt steckenzubleiben, sich zu verfangen.

Den gleichen Effekt muß man auch in Gesprächen und Besprechungen herbeizuführen suchen, wenn die Situation schwierig wird, und Standpunkte sich verhärten. Eine ablenkende Frage, das Angebot eines Drinks, der bewundernde Hinweis auf ein Bild an der Wand genügen oft schon, verändernde Bewegungen und Stimulationen hervorzurufen. Durch spontane Unterbrechungen oder bewußt geplante Pausen verfolgt man den gleichen Zweck: ein Thema neu anzugehen. Die Bewegung verändert die Situation. Natürlich gibt es sture Leute, die bewegen sich, wo sie wollen und wie sie sollen, und bleiben dabei hartnäckig und hartleibig, auch in der Wiederholung ihrer Argumente und Anliegen. Sie liegen fest. Aber tatsächlich scheuen sie dann jede Bewegung, die ihren Standpunkt zu weit verläßt, wie man in Videoaufzeichnungen solcher Gesprächsübungen erkennen kann. Beobachtet man danach ihr physisches Verhalten von

Klischees der Körperhaltung

Das angezogene Spielbein wirkt »weiblich« – das breitbeinige Stehen »männlich«.

Anfang bis Ende, so sieht man, daß sie ihre Körperposition kaum verändert haben. Sie sind auf der offiziellen Linie geblieben und haben ihre vorbereitete Information geliefert – mehr kommt dabei nicht heraus, keine Annäherung der Standpunkte. Es gibt eine vieldiskutierte politische Formulierung in den Ost-West-Beziehungen, die Risiko und Chance schon solch kleiner Bewegungsveränderungen auf höchster Ebene illustriert: Wandel durch Annäherung. Wenn man sich einander nähern will, muß man die Standpunkte verändern.

Und noch eine weitere Demonstration, die zu den Stereotypen

aller Krimiserien gehört. Wenn man jemanden einschüchtern und einkreisen will, muß man ihn auf seinen Standpunkt fixieren. Der Verdächtige sitzt auf einem Stuhl, womöglich durch grelles Lampenlicht gebannt, und der Kommissar dahinter, daneben, oft aus einer unvermuteten Position, immobilisiert ihn mit seinen Fragen, kreist ihn ein, nimmt ihm die Fluchtmöglichkeit, nagelt ihn auf den Punkt fest: Wo warst du dann und dann, was hast du da gemacht?! Und schließlich ist der Standpunkt eindeutig – das Ge-ständ-nis. Nur nebenbei sei hier angemerkt, daß die beharrliche Position des Chefs hinter

Die eingesunkene Brust ist Ausdruck der Inaktivität. (links)

Ein Kopfmensch. Der vorgeschobene Kopf behauptet: Ich kann alles besser erklären! Brust und Hände sind zurückgehalten und signalisieren: Machen soll das freilich ein anderer!

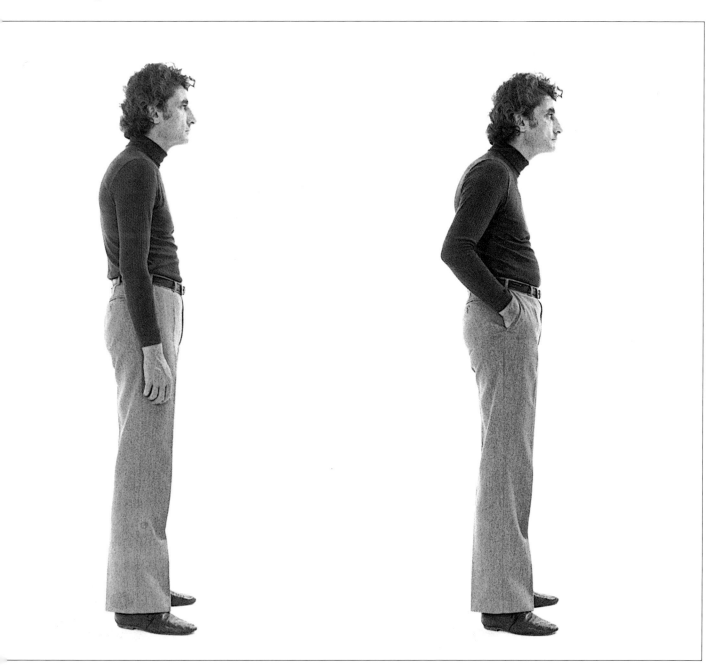

78

seinem Schreibtisch oder die fixierte Sitzordnung am Konferenztisch mit ihren Stand-ort-zuweisungen ähnlichen Dominanzaspekten folgt. Die Bewegungsfreiheit ist eingeschränkt, nicht Antwort, sondern Verantwortung verlangt.

Strebt die Energie weg von den Füßen nach oben, so stehen wir in Gefahr, auch den Boden der Realität zu verlieren und orientierungslos zu werden. Der Kontakt mit den Wurzeln wird gestört. Von Menschen wie von Argumenten sagen wir oft: Sie stehen auf schwachen Füßen.

Zur Kompensation dieses Vorgangs sammelt sich die emporströmende Energie nicht selten in der Brust- und Kopfregion und wendet sich auf die Welt der Wünsche, der Phantasie, der Zukunftserwartungen und des Plänemachens. Respiration bedeutet somit auch Inspiration.

Staut sich die Energie bei einem Menschen im Brustraum, so

Der Mann ohne Risiko: Kleine, vorsichtige Schritte, Nacken- und Schulterpartie sind gesperrt, die Hände inaktiv. (s. S. 89)

Der Mann mit dem gebremsten Ehrgeiz: Große Schritte, deren Elan durch die gehobene Fußspitze gebremst wird. (s. S. 91)

daß er sozusagen ständig mit geblähter Brust herumläuft, so ist das eigentlich ein Zeichen von Angst, die sich freilich in anderen Formen bemerkbar macht. Wer diese Energie in seinem Brustkorb nicht abgibt, übt Zurück-haltung. Er hält sich an Regeln und Abmachungen fest, steht unter Leistungszwang und ist stolz darauf. Der Atem, der in der Brust zurückgehalten wird, zeigt die Bereitschaft zur Aktion. Dieser Mensch ist ebenso willens, die Wünsche der Vorgesetzten umzusetzen, wie selbst Macht zu erringen.

Ein eingefallener Brustkorb mit gerundeten, nach vorne geneigten Schultern vermittelt nicht von ungefähr den Eindruck großer Belastung. Diese Leute drückt die Sorge, Leistungsansprüchen nicht gewachsen zu sein.

Zieht der Brustkorb nach hinten, so ist darin einmal der Versuch zu erkennen, den Abstand zum Gegenüber zu korrigieren, zu vergrößern. Zum anderen ist diese Rückwärtsneigung der Brust in

Der Mann unter Druck: Die Energie staut sich im Brustraum und drängt nach Entladung – aber streng nach Regeln und Konventionen. (links)

Der Mann unter Selbstblockade: Kopf und Nacken sind zurückgehalten, die Schultern in Spannung, und der ganze Körper wird nur durch die Bewegung des Fußes nach vorne gezwungen. (s. S. 85)

starrer Position auch als Bemühen zu erkennen, Gefühle zurückzuhalten, die physische Aktivität auf ein Minimum zu reduzieren. Solche Menschen neigen dazu, sich ganz fest an vorgefaßte Meinungen zu halten.

Wer Schultern und Oberkörper zurückzieht, weicht zurück. Ihn schreckt ein Thema, oder es kommt ihm jemand zu nahe; vielleicht hat er auch Angst vor dem eigenen Mut, einem Wunsch zu folgen, der zu Konfrontationen führen könnte. Vorsichtshalber deutet er schon vorher seine Bereitschaft an, auszuweichen.

Staut sich die Energie in den Knien, so werden sie durchgedrückt, das Gelenk wird gesperrt. Dies Signal heißt: Ich lasse mich von meinem Platz nicht wegbewegen – und diese trotzige Konsequenz gilt auch für die intellektuellen und seelischen Reaktionen.

Auch der eingezogene Kopf mit Verkürzung des Halses weist auf Unbeweglichkeit und starre Positionswahrung hin. So jemand weicht einer Konfrontation nicht aus, denn dann müßte er die Vertikale von Kopf und Hals aus der Mittellinie bewegen.

Wird der Kopf nach hinten genommen, so blockiert er den Nacken und damit die Beweglichkeit: Reservierte Haltung, sehr distanziert. Man muß sich mächtig anstrengen, um einer solchen Person näherzukommen.

Schiebt jemand hingegen den Kopf nach vorne, so ist das wie ein Auslugen nach ersten Informationen, um dann mit dem ganzen Körper zu folgen. Bei neugierigen Menschen fällt dazu der bewegliche Hals und der rasche Blick auf: Er bleibt nie lange an einem Punkt haften, weil ihm sonst anderswo etwas entgehen könnte. An betont intellektuellen Menschen läßt sich diese Haltung oft beobachten. Es ist, als ob sie ihren besten Teil, den Kopf, nach vorne ins Gefecht schickten – der Rest des Körpers bleibt ziemlich ausdruckslos hinter der Linie zurück, weil er sich leicht durch Gefühle äußern könnte, die als lästig und störend für diese Art der Wahrnehmung empfunden werden.

Das Becken nimmt im mittleren Körperbereich eine Schlüsselposition ein. Es verbindet die Beine mit dem Oberkörper und ist auf diese Weise den Auswirkungen jeder Energiekompensation ausgeliefert. Emotionen, Gefühle und Triebe – das erklärt sich schon aus Anatomie und Physiologie des Körpers – haben im Becken gewissermaßen ihren Stammsitz. Auch deshalb ist die Beckenregion die große Tabuzone unseres Körpers. Eine freie Beweglichkeit des Beckens spricht für die gelöste Einstellung zu den eigenen Gefühlen und Emotionen: Dieser Mensch läßt sich nicht in die Zwangsjacke gesellschaftlicher Tabus pressen.

Steht jemand mit starr noch vorne eingezogenem Becken da bei gleichzeitig eingesunkener Brust, so haben wir das als höchst passive Stellung zu betrachten. Sie bringt zum Ausdruck: Hier bin

*Ein Mann mit Achtung vor gesellschaftli-
chen Tabus: Das zurückgehaltene Bek-
ken verwehrt jede impulsive Reaktion.*

ich, mach was du willst, aber laß mich in Ruhe und zwinge mich nicht zu irgendwelchen Aktivitäten.

Ein nach hinten gezogenes oder zurückgehaltenes Becken spricht von großer Reserviertheit und Respekt gegenüber allen gesellschaftlichen Tabus. Auch wenn dies Becken voll Energie geladen scheint, sind da keine impulsiven Reaktionen zu erwarten. Das sind Menschen, die vom Urteil anderer Leute sehr abhängig sind, Konventionen einhalten und auf Begriffe wie Treue, Familie und Moral pochen.

Die Körperhälften

Wir haben den Körper in eine linke und eine rechte Hälfte einzuteilen. Die rechte Körperseite wird von der linken Hälfte des Großhirns gesteuert. Dort ist zugleich der Sitz des Intellekts, der rationalen Aktionen und des logischen Denkens sowie das Zentrum der Sprache. Jedes betonte Stehen auf dem rechten Fuß, betont aktive rechte Körperteile überhaupt, lassen auf rationale Denkart und logisches Handeln schließen, das die Herrschaft über die Gefühlswelt beansprucht. Eine besonders aktive rechte Hand verrät die Lust zu handeln.

Die linke Körperseite wird von der rechten Hälfte des Großhirns gelenkt, der man den Gefühlsausdruck zuschreibt. Menschen, die betont auf dem linken Fuß stehen, handeln eher intuitiv und lassen sich gerne von Sympathien tragen. Sentimentalität und künstlerische Begabung sind ihnen nicht fremd. Und umgekehrt ist die Schlußfolgerung natürlich auch möglich: Eine passive linke Körperhälfte deutet auf die Passivität emotionaler Eigenschaften, eine passive rechte Körperhälfte auf die Passivität rationaler Eigenart.

In Wirklichkeit schwanken oder pendeln Menschen natürlich sehr oft zwischen Gefühl und Ratio, und nur selten werden wir jemandem begegnen, bei dem die Dominanz einer Körperseite so eindeutig ausgeprägt ist.

Es kann zum Beispiel passieren, daß übersensible Menschen, die in ihren Gefühlen verletzt wurden, vor ihren Gefühlen davonrennen und lieber auf dem rechten Fuß stehen, wobei der linke nur vorsichtigen Kontakt mit dem Boden hält. Es kommt also immer auf die Situation an und auf unsere Beobachtung. Je mehr wir unsere Aufmerksamkeit für solche Links-Rechts-Verlagerungen schärfen, desto mehr Einsicht gewinnen wir in die Haltung einer Person innerhalb einer Situation, in den Wandel der Akzente oder Prioritäten. Es kann sein, daß jemand innerhalb eines Satzes vom linken auf das rechte Standbein wechselt: Wahrscheinlich ist er jetzt vom Gefühl

*Spielbein, Standbein, rechts und links:
Der Mann hat sich verabschiedet und
sucht jetzt wieder sicheren Halt auf dem
rechten Fuß, um sich nicht länger seinen
Gefühlen zu überlassen.*

zur Logik übergegangen. Es kann sein – aber vielleicht hat er auch
nur Fußschmerzen oder erinnert sich an etwas ganz anderes, was mit
dieser Situation nichts zu tun hat. Darum darf man solche Verlage-
rungen nicht überbewerten und nur vorsichtig einschätzen. Wenn ich
allerdings merke, daß mein Gesprächspartner andauernd auf links
tendiert, dann ziehe ich schon den Schluß: Er sucht emotionellen
Kontakt und möchte angenommen werden. Das ist dann sicher mehr
als ein zufälliger Impuls, und das kann ich verbal oder durch mein
Verhalten in der jeweiligen Situation überprüfen.

Gangarten

Gehen ist eine bewußte Zweckbewegung: Entweder wir bewegen uns dadurch auf ein Ziel zu oder wir fliehen vor einer Konfrontation – dann ist der mehr oder minder bewußte Fluchtpunkt das Ziel. Gehen ist zugleich ein sehr schwieriger Balanceakt. Jeder Schritt bedeutet, daß wir einen sicheren Standort verlassen in der Absicht, einen neuen zu erreichen. Da wir eine ganze Menge Gelenke haben, muß unser Organismus eine ziemlich genaue Berechnung von Energie und Statik anstellen, wenn der Körper aus dem festen Stand in eine bestimmte Richtung geschoben wird, dabei kurze Zeit auf einem Bein balanciert, und dann das ganze verlagerte Gewicht vom anderen Bein aufgefangen werden muß. Dies ist ja nicht nur eine Bewegung nach vorne, seit- oder rückwärts, sondern gleichzeitig muß der Körper auch aufrecht gehalten werden. Jeder Schritt ist ein Risiko, dessen wir uns durch die Gewöhnung freilich nicht mehr bewußt sind. Und hinzu kommt ja, daß jeder seine ganz eigene, individuelle Art zu gehen besitzt, und jede Emotion, jedes Gefühl und jeder Reiz sofort auf diese Gangart abfärbt und ihre Nuancen prägt. Nicht von ungefähr finden wir in allen europäischen Sprachen für den Zustand des körperlichen wie des seelischen Gleichgewichtes dasselbe Wort »Balance« – so unmittelbar und augenfällig ist der Zusammenhang.

Die Gangart ist noch anderen Veränderungen unterworfen. Absicht und Zweck der Bewegung, körperliche Verfassung und Alter spielen eine wichtige Rolle. Um diesen ganzen Komplex von Bewegungsabläufen und seine Aussagen zu erklären, muß man die einzelnen Komponenten analysieren, denn die jeweilige Art des Ganges setzt sich aus zahllosen Variationen des Zusammenspiels aller Körperteile und ihrer Ausdrucksweise zusammen und spiegelt damit natürlich auch die Konflikte oder Harmoniezustände, die diesen Organismus gerade beherrschen.

In der ausgeglichenen und von ruhigem Maße geprägten Weise des Gehens bleibt die aufrechte Linie des Körpers zwischen Kopf und Becken gewahrt. Das Bein wird vom Knie her in seiner ganzen Länge nach vorne geschickt. Das Becken behält seinen Schwerpunkt, während sich das Knie zwischen Hüft- und Knöchelgelenk vorwärts bewegt. Mit der Streckung des Beines wird der Fuß auf den Boden gesetzt, und erst in diesem Moment verlagert der Körper sein gesamtes Gewicht vom Standbein auf diesen Fuß, der jetzt sicheren Boden gefaßt hat. Durch die Entlastung kann nun das andere Bein den nächsten Schritt auf gleiche Weise vollziehen. Die Hände bewegen sich locker neben dem Körper, unterstützen sein Gleichgewicht und betonen den Schwung des jeweiligen Gangrhythmus. Der Blick ist nach vorne gerichtet, Kopf und Hals stehen frei in der Vertikalen und bieten durch ihre Beweglichkeit Gelegenheit, alle Informationen rundum mit Auge und Ohr aufzunehmen. Dieser Gang wirkt sicher und offen, wird weder von Ehrgeiz nach vorne gedrängt, noch durch Angst zurückgehalten. Doch wir wollen nun die Abweichungen von diesem gemäßigten Schritt betrachten.

Ein Kopf, der nach hinten gedrückt wird, sperrt automatisch die Beweglichkeit des Halses. (Vergleiche Seite 79.) Damit wird auch der Gang starr und steif, folgt einer schnurgeraden Linie und läßt keine Informationen von rechts oder links zu, die vom geplanten Ziel nur ablenken könnten. Es ist die Gangart von Leuten mit einer festgefügten Weltanschauung, die sich exakt an ihre Richtlinien halten. Oft ist diese Kopfhaltung gepaart mit einer starren Haltung der Brust, in der sich die Energie staut, und das läßt sicher darauf schließen, daß diese Person großen Wert auf Konventionen legt und von gesellschaftlicher Anerkennung abhängig ist.

Ich nenne diesen Typ »Scheuklappenmenschen« und erzähle dazu gerne die Geschichte von dem klugen Bauern, der ein störrisches Pferd hatte. Es ließ sich dauernd von den Grasbüscheln am Feldrain links und dem Haferfeld in seinem rechten Blickwinkel ablenken. Da legte der schlaue Bauer seinem Gaul Scheuklappen an, damit er nur noch geradeaus gucken konnte, und fortan zog das Pferd vor dem Pflug schnurgerade Ackerfurchen, wie sie der Bauer wünschte. Der »Scheuklappenmensch« ist ebenso verläßlich. Man braucht ihn in jeder Partei, in der Bürokratie, der Finanzabteilung und jeder Position, in der Phantasie nur hinderlich ist und akkurate Ausführung höchstes Gebot.

Dagegen gehören Menschen, deren Kopf und Hals während des Gehens unablässig in lebhafter Bewegung sind, zu jenen Leuten, die einfach alles interessiert und dauernd Informationen sammeln. Natürlich sind sie dadurch auch abgelenkt, aber das wird durch den umfassenden Informationsgewinn ausgeglichen. Diese Leute haben immer Einfälle und Anregungen parat, man kann sie bei der konzeptionellen Planung und in der Öffentlichkeitsarbeit vorzüglich einsetzen, wo man eben immer auf dem laufenden sein soll. Ob sie freilich auch alles ausarbeiten, was sie aufnehmen und vorschlagen, hängt davon ab, ob ihre Fähigkeit zur Umsetzung hoch genug entwickelt ist und schnell genug funktioniert.

Wenn der Kopf vorgeschoben wird, behindert er ein wenig die Halsbewegung, den Blickwinkel und die schnelle Reaktion. Diese Menschen sind vorsichtig. Sie schicken ihre Augen voraus, halten zuerst Ausschau – und können dann noch ihren Kopf rechtzeitig zurückziehen, als ob sie nie dagewesen und nichts gesehen hätten. Auf die intellektuelle Spielart des hellwach vorgeschobenen Kopfes, der das Wahrnehmungsfeld erkundet, haben wir schon hingewiesen – bei diesen Kopfmenschen ist wohl auch eine Portion reger Vorsicht im Spiel.

Von ganz besonderer Vorsicht sind Leute, die während des Gehens dauernd auf den Boden vor sich schauen. Sie kontrollieren

Trotz des großen Schrittes und des aktiv nach vorne gerichteten Kopfes: Die eingezogene Brust zeigt den Vitalitätsmangel und die Passivität dieses Mannes. (s. S. 87)

Die nach vorne gedrehten Handrücken verraten, daß dieser Mann seine Absichten und Gefühle nicht verraten will. (s. S. 88)

das Terrain, bevor sie ihren Fuß darauf setzen. Sie neigen dazu, ihre Gedanken in der Vergangenheit zu lassen, vertrauen nur Schritten, die schon erprobt sind, und machen allein das, was sie bereits wissen und können – nur kein Risiko.

Die nach vorne gezogene Brust verrät einen ehrgeizigen Menschen, der immer mehr erreichen will, als ihm bisher gelungen ist – egal, wie hoch er gestiegen ist. Wenn man ihm zuschaut, hat man das Gefühl, er ist sich selbst mit seiner Aktivität eigentlich schon weit voraus, aber seine Beine haben Mühe, ihm hinterher zu rennen. Er

hat nie Zeit, weil er gewöhnlich mehr auf sich nimmt, als er schaffen kann, und natürlich auch keine Zeit für Kleinigkeiten – dafür hat man seine Leute.

Wer die Brust während des Gehens nach hinten zieht, ist einer, der nicht will. Er hält sich mit dem Oberkörper immer einen Schritt hinter seinen Füßen zurück und folgt ihnen nur widerwillig. Das Leben ist ein Kampf, den man durchstehen muß, aber nur sehr notgedrungen. Wenn die Brust so richtig einfällt, ist das Signal vollends eindeutig: Ich bin passiv, ich kämpfe nicht, und alles bedrückt

Der große, aktive Schritt eines Mannes mit weitgesteckten Zielen – risikofroh, wagemutig! (s. S. 89)

Ein Mann, der sich gerne sehen läßt – ein kleiner Pfau.

mich. Mich erinnert ein erschlaffter Oberkörper immer an einen Servierwagen, der einen Kopf von einem Platz zum anderen transportiert. Dieser Körper bringt den Kopf nur mühsam in Bewegung. Wenn man dem Mann sagt, er solle dies oder jenes tun, so reagiert er vermutlich zuerst mit der Frage: Warum gerade ich und nicht jemand anders?! Besteht man darauf, so schleppt er sich unter Protest dahin.

Hände sind zum Handeln da. Die lebhafte Bewegung der Hände während des Gehens zeigt Aufgeschlossenheit und Bereitschaft. Beim natürlichen Gehen hängen die Hände gerade von den Schultern herunter und die Handflächen sind parallel zur Gangrichtung. Wird der Handrücken nach vorne gerichtet, so erzwingt das eine unnatürliche Drehbewegung, die den Handteller verbirgt. Solche Menschen verdecken ihre Absicht und man weiß nicht, was ihr nächster Schritt sein wird: Entweder sind sie nicht bereit, sofort zu handeln, oder sie wollen ihre Absichten nicht verraten. Hängt eine Hand leblos neben dem Körper, so ist das der Versuch, die Aktivität dieser Seite zu blockieren – links die Emotionalität, rechts die Ratio. Das gleiche geschieht, wenn eine Hand in Richtung zur Brust angezogen wird.

Schultern, die mit einer leichten Seitwendung von der Mittellinie abweichen und sozusagen die Schmalseite hervorkehren, erinnern nicht zu Unrecht an die Haltung eines Boxers, der möglichst wenig Angriffsfläche bieten will. Solche Menschen vermeiden Konfrontationen und weichen Problemen und Mühen aus. Und noch eine Besonderheit: Den wiegenden Gang, bei dem der Körper wie bei einer Ente von einer Seite auf die andere pendelt, haben Leute, die sich schwer entscheiden können. Sie müssen lange zwischen ihrem Gefühl und ihrer Ratio abwägen.

Der Schritt

Fuß und Fußspitze zeigen direkt nach vorne, wenn es sich um einen zielbewußten Menschen handelt: Die Energie wird wie auf Schienen in Zielrichtung umgesetzt. Welche Bedeutung die Fußhaltung besitzt, können wir uns durch ein Bild rasch klarmachen: Man muß sich die Fußlinie nur durch einen Ski verlängert denken. Wenn man dann die Fußspitzen nach innen dreht, bremst das jeden Schwung ab – Schneepflug. Drehen wir sie nach außen, so verpufft die ganze Energie, und es haut uns auf die Nase. Das Körpersignal sagt nichts anderes.

Geht jemand mit einwärts gewandten Fußspitzen, so bremst er. Wir wissen nicht, warum, aber er bremst. Wenn dann auch noch der Oberkörper eine verwandte Position zeigt – zusammengefallene Brust, Schultern eingekehrt, Kopf abgeneigt – so signalisiert das eindeutig die passive Zurückhaltung einer verschlossenen Person. Sie ist introvertiert, und es ist schwer, mit ihr zu kommunizieren. Öffnet dieser Mensch nun seine Brustpartie, so entsteht ein Konflikt in seinem Körper. Oben deutet er die Bereitschaft zu Informationsaufnahme und -austausch an – aber wenn es tatsächlich darum geht, voran zu kommen, so blockiert ihn etwas. Die Bereitschaft zu freier Kommunikation ist größer als die Fähigkeit dazu, und über diesen Widerspruch kommt der Mensch schwer hinweg. Er wendet eine enorme Energie auf, um die Hemmschwelle zu überwinden, die seine eingekehrten Füße darstellen, und es ist durchaus ungewiß, ob er dabei Erfolg hat. Es kann sein, daß dies seelisch bedingt ist, und die Fußhaltung nur Ausdruck dieser Barriere ist; doch ebenso kann die physische Anlage auf die innere Verfassung zurückwirken und die Blockade erst auslösen.

Zeigen die Fußspitzen nach außen, so wird gleichfalls Energie verschwendet. Man möchte nach vorne gehen, doch die Beine setzen die Energie zugleich seitwärts um, und der Körper braucht mehr Kraft, um sein Ziel zu erreichen. Ich nenne das den »verschwenderischen Gang«. Der Mensch will wohl zielbewußt scheinen, doch sein Körper macht gleichzeitig deutlich, daß er auch zu Ablenkungen neigt und bereit ist, sich da- und dorthin ziehen zu lassen. Selbstverständlich gibt es auch hier Kombinationen und Variationen. Wenn zum Beispiel nur das linke Bein auffallend nach außen weist, so kann man schließen, daß dieser Mensch bei allem konkreten Zielbewußtsein emotionalen Einflüssen recht offen ist und wohl auch einmal einen Seitensprung riskiert.

Bei großen Schritten muß man den Schwerpunkt weit nach vorne legen und ein erhebliches Balancerisiko auf sich nehmen. Wer große Schritte macht, denkt in weiten Bögen, in großen ökonomischen Zügen, und nimmt auch Risiken auf sich, um in kurzer Zeit viel zu erreichen. Kleine Schritte, Details und Pedanterien irritieren ihn, er fühlt sich dadurch beschränkt und eingeengt. Verhandlungen mit Leuten, die auf Kleinigkeiten Wert legen, machen ihn ungeduldig, sie bremsen seinen Schwung.

Kleine Schritte bedeuten: Sicherheit vor allem, nur nichts überhasten, alles sorgfältig prüfen. Oft ist diese Gangart mit zurückgehaltenem Kopf und starrer Brusthaltung gekoppelt. Wird der Mensch der kleinen Schritte zu großen gezwungen, so fühlt er sich unwohl und gerät in Unsicherheit und Nervosität. Lieber kleine und eilige, aber vorsichtige Schritte, fleißig voran, als Risiken in großen Zügen überbrücken.

Der »Pfauen-Gang« stellt den Körper und die Person zur Schau. Er ist betont langsam, denn der Beobachter soll Zeit zur

Beachtung und Bewunderung haben, die Würde und die Last der Verantwortung erkennen. Kurzum: das gemessene Schreiten von Politikern, Richtern, Priestern, Schauspielern, Offizieren, Respektspersonen.

Der breite Gang spricht von Bodenfestigkeit und wirkt eher bedächtig als schwerfällig. Die Energie wird mehr für einen sicheren Tritt als für schnellen Raumgewinn aufgewandt. Man sieht das oft bei Leuten, die sich auf unebenem und schwierigem Gelände bewegen wie Bauern, Bergsteiger oder Seeleute – schon dies deutet das Naturell an.

Der enge Gang steht dazu im Gegensatz. Ein Fuß drängt sich vor den anderen, als ginge man auf einem Seil. Nicht nur Unsicherheit und Labilität drücken sich darin aus, sondern auch das Schwanken zwischen Gefühl und Ratio. Viele Frauen gewöhnen sich diesen Gang an, mit dem die Beckenwirkung durch die schmale Spur der Beine betont wird. Neben dem beabsichtigten erotischen Reiz erweckt das im Mann neben dem Schutzbedürfnis oft auch den Eindruck, dieses Geschöpf leicht erobern zu können, weil es durch die evidente Labilität so unsicher scheint.

Fußbewegungen

Man muß den Blick für das Allgemeinbild schon ein wenig geschärft haben, ehe man auch solche Nuancen wie die Bewegung des Fußes während des Gehens aufnimmt. Im Idealbild des lockeren Ganges rollt die Fußsohle rhythmisch am Boden ab. Jede Abweichung davon ist schon eine Aussage.

Stößt der hintere Fuß sich im letzten Moment noch wie bei einem Langläufer mit Ballen und Zehen vom Boden ab, um dem ganzen Körper einen entscheidenden Stoß nach vorne zu geben, so ist das bei normaler Gangart ein Zeichen von verstecktem Ehrgeiz. Solche Menschen werden bei Verhandlungen noch im letzten unerwarteten Augenblick zu einem harten Kampf ansetzen und für sich etwas herausschinden wollen.

Versucht der Fuß durch eine Schlenkerbewegung aus dem Knie heraus, noch kurz vor dem Aufsetzen eine größere Schrittlänge zu erreichen, so ist bei diesem Menschen zu gewärtigen, daß er jederzeit mit Nonchalance oder Impertinenz noch ein kleines Stück vom Kuchen an sich reißen wird – ein frecher Hund sozusagen, der immer noch einmal nachschnappt.

Wird der Fuß hingegen im letzten Moment vor dem Bodenkontakt noch ein wenig zurückgeholt, so deutet das auf einen Menschen, der mehr Offenheit und Großzügigkeit vorgibt, als er in Wirklichkeit zu praktizieren imstande ist.

Zögert der Fuß parallel zum Boden und setzt dann flach auf, ohne abzurollen, so kann man auf einen Menschen von äußerster Vorsicht und großem Mißtrauen schließen.

Wenn der Fuß bei hochgezogenem Fußballen akzentuiert mit der Ferse aufsetzt, bevor er abrollt, so bremst das den Anlauf und mindert den Schwung des Schrittes. Der Ehrgeiz ist größer als der Mut. Bei solchen Menschen muß man darauf gefaßt sein, daß sie eine Sache mit großem Elan angehen, jedoch im kritischen Moment die Bremse anziehen. Ähnlich ist es, wenn die Zehen des vorschreitenden Fußes beim Abrollen im letzten Moment hochgezogen werden – so wie die Landeklappen eines Flugzeugs vor dem Aufsetzen ihre Bremswirkung entfalten sollen.

Menschen, die ein wenig größer wirken möchten oder fürchten, ihre wahre innere Größe sei noch nicht entdeckt, helfen dem Erscheinungsbild gerne ein wenig nach, indem sie noch einmal auf den Zehen nachwippen. Umgekehrt federn andere dauernd in den Knien und tun so, als ob sie sich kleiner machen wollten. Aber das ist ein durchaus verwandter Typus, und wehe, wenn man dieses Understatement ernst nimmt. Die Selbsteinschätzung bedient sich nur verschiedener Mimikri.

Wer wie auf Zehen geht, zeigt wenig Kontakt mit der Realität, mit dem Boden, auf dem er stehen sollte. Er signalisiert Vorsicht und Unsicherheit, will niemanden stören. Aber das ist ein trügerisches Signal und führt leicht zu Mißverständnissen. Denn wie ist das bei Frauen, die barfüßig wie auf Zehen gehen, und einer Schuhmode, die den gleichen Langbein-Effekt durch spitze hohe Hacken erzielt und ihre Träger zum Stöckeln zwingt?!

Wenn wir auch von einer besonderen Art des weiblichen und des männlichen Ganges sprechen können, so ist dieser Unterschied doch weniger durch die biologische Eigenart des Körperbaus von Frau und Mann bedingt als durch kulturelle Normierung und gesellschaftliche Moral, die strenge Verhaltensregeln gesetzt haben. Von Kindheit an werden die Rollen Frau und Mann eingeprägt und angeeignet. Der Mann ist gemäß seiner biologischen Funktion als Eindringling auch als »Aggressor«, als Inbegriff der Stärke zu verstehen. »Männlich« ist demnach jede Haltungs- und Bewegungsweise auf breiten Beinen mit großen Schritten und weitem Raumanspruch.

Der biologisch rezeptiven Frau als untergeordnetem Geschlecht wurde dagegen eine Gangart zugewiesen, die mit kleinen Schritten und schmaler Schrittführung Zurückhaltung und Unsicherheit signalisiert, dabei aber auch das Attribut Grazie erhielt. Das gilt besonders für die Frauen der »gehobenen Stände«, in denen seit dem 19. Jahrhundert die sexuell aufreizende Gangart unter Betonung der Brust- und Beckenwirkung kultiviert wurde. In den einfachen Gesellschaftsschichten fand diese Konvention des attraktiven schmalspuri-

Diese Art des sich Umarmens und Sammelns ist Ausdruck innerer Konzentration und Geborgenheit.

Bei einer Frau ist diese offene Beinhaltung eine einladende Geste – beim Mann Imponiergehabe! (s. S. 108)

gen Gehens keine Anwendung oder wurde gewissermaßen nur als Feiertagsgehabe junger Mädchen angelegt. Normalerweise bewegten sich die Frauen aus dem Volke so, wie es für ihre Aufgaben zweckvoll war und ihre Arbeit es erzwang. Eine Mutter von sechs Kindern in einer Souterrainbehausung, eine Wäscherin oder eine Dienstmagd konnten sich nun einmal das zierliche Trippeln vornehmer Damen nicht leisten – sie gingen mit ausgewogenen und wenig leichtfüßigen Schritten einen »männlichen« Gang.

Seit der Mitte unseres Jahrhunderts haben sich in den meisten Ländern die Frauen gleiche Rechte erstritten wie die Männer, und damit ist auch der Zwang vieler geschlechtsspezifischer Konventionen aufgehoben worden. Die Miedermode ist längst vergessen, und eine bequeme Kleidung führt nun auch einmal zu einer natürlicheren Gehweise. In Jeans und Turnschuhen läuft man anders als in Stöckelschuhen, und schließlich haben sich vor allem junge Frauen als ganz bewußtes Zeichen ihres emanzipatorischen Anspruchs »männliche« Verhaltensweisen angewöhnt. Die Fonten sind also einerseits nicht mehr so klar – andererseits aber die Klischees noch nicht abgebaut und jederzeit verwendbar, um Vorurteile zu beleben. Unverändert sind die biologischen Signalwirkungen. Ein Mann, der mit gespreizten Beinen sitzt, stellt seine Potenz zur Schau und erzielt damit den Effekt »Imponiergehabe«. Macht eine Frau das gleiche, so öffnet sie ihre Beckenregion und wirkt rezeptiv und einladend – was aber wenig imponiert, sondern je nachdem als ungehörig, provokant oder schamlos beurteilt wird. Und geht ein Mann mit kleinen schmalen Schritten – da wirken wieder Prägungen der Konvention – einen »weiblichen« Gang, so wird ihm sofort Schwäche, Geziertheit, latente Homosexualität zugeschrieben.

Sitzen

Sitzen ist eine Körperhaltung, die dem Organismus Entspannung und Entlastung gewährt. Freilich nur in Grenzen, da vor allem die Wirbelsäule noch immer tragende Funktion ausüben muß. Eine vollkommene Entspannung aller Glieder und Muskeln ist nur im Liegen möglich. Bei einer sitzenden Person können wir aber immer noch den Grad der Entspannung an Stellung und Verhalten der verschiedenen Körperteile erkennen. Der Körper ist dabei imstande, ohne ständige Anspannung des gesamten Muskeltonus Aktivitäten fortzuführen, in einer weiten Skala von Bewegungen und Gesten zu agieren, eine Fülle von Signalen zu geben, die fast den gesamten Code gesellschaftlicher Verständigung durchlaufen. Kurzum: Das Sitzen ist eine ideale Position für kommunikativen Austausch.

Durch eine kleine Bewegung des Armes und der Schulter wird die Rivalin aus dem Gesprächskreis ausgeschlossen...

Sitzen ist eine feste räumliche Position, aus deren Anordnung zueinander sich bestimmte Beziehungen zwischen zwei oder mehreren Personen ergeben. Dieser »Sitz-Code« hat sehr viel mit der Rangordnung und dem Territorialverhalten der Beteiligten zu tun, und darum müssen wir hier schon auf einige Grundmerkmale und ihre Aussagen eingehen.

Sitzordnungen

Die Entfernung der sitzenden Personen zueinander ist auch Ausdruck ihrer mehr oder minder großen persönlichen Distanz.

Sitzt einer innerhalb einer Gruppe, und es bleibt um ihn herum mehr Raum frei, als das bei den anderen der Fall ist, so läßt dies mehrere Deutungen zu. Wird der Raum sozusagen mit Respekt gefüllt, so ist das sicher jemand, der mehr Macht, einen höheren Rang besitzt als die anderen. Bei einer Atmosphäre freundlicher Igno-

... und die revanchiert sich, indem sie die kalte Schulter zeigt und der anderen die Verbindung abschneidet.

ranz handelt es sich wahrscheinlich um einen Neuling in der Gruppe. Wird er dagegen auffällig gemieden, so ist das ein Zeichen von Ausgestoßensein. Positionen am Rande der Gruppe mit auffallendem Abstand deuten entweder auf Distanzierung durch die anderen oder Neutralität des Betroffenen. Das direkte Gegenüber zeugt entweder von überlegener Macht – und sei das durch einen formalisierten Anspruch wie bei einem Versammlungsleiter – oder von einer Gegenposition.

Auch die Höhe des Sitzes ist Ausdruck von Rang und Status seines »Besitzers«. Der Königsthron ist nicht nur größer, sondern vor allem höher als alle anderen umgebenden Sitzgelegenheiten – so hoch, daß kein Umstehender die Augenhöhe des Sitzenden überragt. Karl der Große hat den Machtkampf zwischen Kirche und Staat einst auf seine Weise symbolisch entschieden, als er seinen Thron im Aachener Dom so hoch bauen ließ, daß kein Vertreter Roms höher sitzen konnte als er. Heute werden solche Symbole subtiler gehandhabt, und oft muß die Bequemlichkeit der Polsterung oder die Höhe der Lehne ersetzen, was man durch die Erhöhung des Sitzes demokratischerweise nicht behaupten kann. Aber was ein Chefsessel ist, wissen wir alle.

Die Nähe der Sitze zueinander ermöglicht intimeren Kontakt und zeigt Vertraulichkeit. Gleichgestellte Personen oder untergeordnete Gruppen rücken gerne enger aneinander und verzichten auf territoriale Distanz. Sie gewinnen dadurch Wärme, Geborgenheit, Sicherheit und beweisen damit Solidarität. Beim Sitzen im Kreis wird diese Geschlossenheit gegen außen besonders sinnfällig, doch auch das Sitzen in einer Linie repräsentiert Gemeinsamkeit der Betrachtungs- und Handlungsweise gegenüber den anderen. Man sieht das nicht nur an Konferenztischen, sondern auch bei Liebesleuten in Kaffeehäusern. Ihnen gibt das dichte Nebeneinander Gelegenheit zu zärtlicher Berührung, und gleichzeitig betont diese Linie ihre gemeinsame Front gegenüber all den Menschen ringsumher, während sie ihre Gefühle und Erlebnisse austauschen und dazwischen auch ein

Diese Gruppe bildet einen Gesprächskreis, in dem alle einander zugewandt sind.

wenig in der Rolle von Voyeurs über die Vorübergehenden ratschen und klatschen.

Das Sitzen vis-à-vis, Blick in Blick, bedeutet, daß man sich ganz dem Gegenüber widmet. Diese konzentrierte Aufmerksamkeit kann ebenso sachbezogen wie gefühlsbezogen sein. Bei verliebten Paaren bedeutet es, daß man sich auch auf Kosten körperlichen Austausches von Zärtlichkeit seelisch ganz dem Partner zuwendet – das signalisiert Selbstüberwindung und den Willen, zueinander zu finden; vielleicht ging auch eine Aus-einander-setzung voraus. In Verhandlungen heißt diese Sitzposition schlicht: Man will sich in der Sache konfrontieren und aus der jeweiligen Interessenlage den gemeinsamen Punkt finden. Jede Bewegung der Schultern, die von der Parallellinie dieser Fronten abweicht, signalisiert dann im Detail auch ein Sichabwenden von bestimmten Argumenten oder Vorschlägen.

Als der Mann seine Aufmerksamkeit auf eine Partnerin richtet, fühlt sich die andere ausgeschlossen und zieht mit einer werbenden Geste zum Haar den Blick des Mannes wieder auf sich, der sich prompt auch wieder zu ihr hin öffnet.

So nebeneinander zu sitzen ist ein Zeichen von Vertrautheit und der gemeinsamen Front gegenüber den anderen.

Das Sitzen über Eck – meist also im Winkel von 90 Grad, aber nahe beieinander – eröffnet einen größeren Spielraum der Verhaltensmöglichkeiten. Man meidet einerseits die Gefahr unbeabsichtigter Verhärtungen, die sich aus der Position des Visavis leicht ergibt, und bewahrt andererseits die Möglichkeit direkten Kontaktes durch körperliche Berührungen, ohne vollkommene Einhelligkeit (Sitzen in gleicher Linie) oder Zuwendung (Blick in Blick) zu demonstrieren. Man gewinnt darüber hinaus Gelegenheiten, sich auf eigene Gedanken und Gefühle zu konzentrieren oder Ablenkungen durch Hinwendung auf andere Vorgänge oder Personen zu schaffen, weil in dieser Sitzposition jeder vom anderen akzeptiert, daß er auch einmal geradeaus, und das heißt an ihm vorbei oder von ihm weg schaut.
Kurzum: Die Sitzposition über Eck erzeugt eine sehr bewegliche Gesprächssituation, die vielen Variationen offen ist. Sie wird von Individualisten, von selbständigen oder eigenwilligen Menschen bevorzugt, die einen freien Gedankenaustausch lieben und ihre eigene Linie bewahren wollen, ohne deshalb auf unmittelbare Kontaktmöglichkeiten und Nähe zueinander zu verzichten.

Ich könnte das auch die »demokratische Sitzordnung« nennen, und will das an ein oder zwei Beispielen erläutern. Ein obrigkeitshöriger Beamter fühlt sich gewiß hinter seinem Amtstisch am wohlsten. Das Publikum tritt, Mann für Frau, vor ihn hin, und er bescheidet sie gemäß seinem staatlichen Auftrag und amtlicher Funktion. Er ist wer, egal wer da kommt, verkörpert Macht und Autorität – eine Respektsperson. Doch diese Sitzanordnung des Visavis hat sich in den letzten Jahrzehnten bemerkenswert verändert. Der ratsuchende Bürger sitzt meist seitlich, im rechten Winkel am Schreibtisch des Beamten, und damit ist der frontale Einschüchterungscharakter dieser Amtsbegegnung gemildert. Andererseits behält der Beamte seinen Amtsbereich vor sich: Er kann, ohne verletzend zu wirken, die Arbeitszone vor sich und neben uns nutzen, Akten blättern und lesen, ohne die Konfrontation mit uns dadurch zu verschärfen, denn er wendet den Blick dabei von uns weg, um sich zu vergewissern, und nicht abwärts, um uns zu überprüfen. Solche Nuancen sind von großer Bedeutung, auch wenn wir uns das kaum bewußt machen. Denn säße ich dem Mann gegenüber, und er schaute hinab auf meinen

Beim Sitzen vis-à-vis, Blick in Blick, widmet man sich einander ganz.

Personalbogen oder meine Steuerauszüge, so wäre es, als blickte er in Richtung meiner Genitalzone, meines verborgenen Intimbereiches. Und das empfinde ich gewiß als Zudringlichkeit, Erpressung oder Herausforderung – je nachdem. Nach diesem Beispiel kann ich mich in der Andeutung eines zweiten kurz fassen. Eine Sekretärin, die zum Diktat gerufen wird, sitzt wohl meist lieber an der Ecke des Schreibtisches. Sie sieht den Chef und kann ohne Konfrontation den Text aufnehmen; er kann ohne Ablenkung von dem Konzentrationspunkt vor sich seine sachbezogene Information abgeben.

Bei dem Begriff Sitzordnung denkt man selten an einen runden Tisch. Der runde Tisch entspricht dem Kreis und damit der Gleichrangigkeit der Beteiligten. Fernsehbilder haben uns gezeigt, daß es sich dann meist um UNO oder UNESCO, um westliche oder östliche Wirtschaftsgipfel oder um die OPEC handelt; und die Erfahrung hat uns gelehrt, daß es sich bei solchen Konferenzen durchaus nicht um die Begegnungen Gleichrangiger handelt, sondern Macht- und Statusunterschiede auch am runden Tisch evident werden. In höherer Runde ist der runde Tisch eine Fiktion, denn es handelt sich um Machtfragen. Deshalb bevorzugt das Protokoll – gleichgültig, ob es um Kaninchenzüchtervereine oder um hochpolitische Anlässe geht – rechteckige Tische mit einem klaren Oben und Unten.

An einem solchen Konferenztisch sitzt man 1. linear, 2. ums Eck, 3. vis-à-vis, 4. in Distanz. Und in dieser Anordnung der Sitzzuteilung spiegeln sich Machtverhältnisse und Gruppenzugehörigkeit. Der Orientierungspunkt ist immer der Platz des Vorsitzenden. Von da geht die hierarchische Struktur aus, und deshalb wäre die ehrlichste Sitzform eigentlich die eines spitzwinkligen Dreiecks, einer Machtpyramide. Doch für das Rechteck oder Hufeisen gelten die nämlichen Gesetze.

Im Scheitelpunkt sitzt der Präsident, der Chef. Rechts und links von ihm am Kopf des Tisches die Vorstandsmitglieder, die Direktoren, die wichtigsten Mitglieder der kaufmännischen und der technischen Linie, des Stabs. Je entfernter sie dem Vorsitzenden sind, desto geringer ihr Nützlichkeits- und Wichtigkeitsgrad. In der linearen Kopflinie sitzen in der Regel die Herren mit der großen Entscheidungsbefugnis, ums Eck die Leute mit dem Sachverstand, und in der Linie gegenüber und immer weiter weg folgen sich die aufeinander, die den konkreten Produktions- und Handlungsbedingungen am nächsten sind. Dieses Dreiecksgefüge sichert Macht und Herrschaft. In der absteigenden Linie sind alle von der Entscheidung im spitzen Winkel abhängig, und gleichzeitig besteht eine Konkurrenz im Visavis der konkurrierenden und in sich solidarischen Gruppen in den Schenkeln des Dreiecks. Diese Sitzordnung ist weder Theorie noch verordnet; sie entsteht durch Gewöhnung und Annäherungsbedürfnis schließlich von selbst.

Ich möchte aus meinen Beobachtungen ein Beispiel geben, wie sich in der Sitzordnung die Beziehungen der beteiligten Personen zueinander erhellen. Es handelte sich um ein Arbeitsgespräch über geschäftliche Perspektiven eines Unternehmens, an dem vier Herren teilnahmen. Sie saßen wie auf der Abbildung dargestellt an einem rechteckigen Tisch.

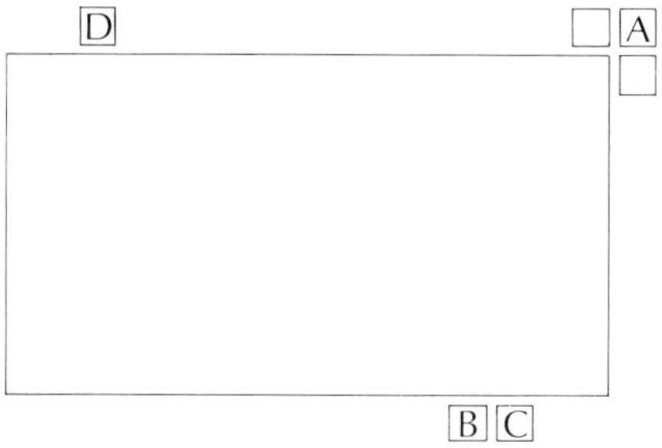

Das Gespräch wurde hauptsächlich von B und C bestritten, die miteinander gegen A Argumente vorbrachten. A erwiderte energisch und oft zurückweisend. D saß meist passiv dabei und äußerte sich nur gelegentlich und sehr vorsichtig, nachdem er zuvor kurze Blicke auf B und C geworfen hatte. Das Bild, das ich mir schon nach der Sitzordnung machte, ist mir anschließend von den Beteiligten bestätigt worden.

Selbstverständlich war A der Direktor. Der Platz am Eck gab ihm die Beherrschung über den Tisch und den besten Überblick. Er saß da in breiter Haltung, die Hände auf den Rückenlehnen der beiden benachbarten Stühle, so daß ohnehin keiner neben ihm sitzen konnte. B und C gehörten dem mittleren Management an; schon allein die provokante Haltung und dominierende Sitzposition von A erzwangen ihre solidarische Linie gegen den Direktor. D, der sich abseits dieser Frontlinien gehalten hatte, war ein technischer Fachingenieur; die Organisationsfragen und internen Konkurrenzprobleme der kaufmännischen Kollegen berührten seine fachliche Position nicht. Vor jeder seiner Äußerungen nahm er mit B und C zwar Blickkontakt auf, um sie seiner Kollegialität zu versichern; doch er war nicht bereit, sich in ihre solidarische Linie einzuordnen, wollte aber auch eine Konfrontation vermeiden. Zum Direktor hielt er sich in respektvoller Distanz, die seinem Rang angemessen war; eine vergleichbare Eckposition konnte er dann natürlich auch nicht einnehmen, weil das eine Herausforderung bedeutet hätte.

Es ist klar, daß dieses Gespräch nicht produktiv verlaufen konnte: Fronten und Differenzen waren von vornherein durch die Sitzweise fixiert. Nachdem ich das analysiert und kommentiert hatte, wurde die Sitzordnung geändert und damit die Frontierung der Rangordnung abgebaut. Das Gespräch wurde bald lockerer und ermöglichte Übereinkünfte.

Sitzarten

Die Art, wie jemand sitzt, ist Ausdruck seiner Eigenarten und inneren Verfassung, unterliegt aber auch äußeren Bedingungen wie Zeitmangel und selbstverständlich den direkten Reizen der jeweiligen Situation, auf die man durch Veränderung der Körperhaltung reagiert.

Das gilt zuerst einmal für die Ausnutzung der Sitzfläche. Postiert sich einer mit seinem vollen Körpergewicht auf der ganzen Sitzfläche, so erklärt er damit: Mir steht das hier zu, ich bleibe eine Weile und lasse mich nicht so leicht abservieren.

Nimmt jemand nur vorsichtig auf der Stuhlkante Platz, so bleibt sein Schwerpunkt vorne direkt über dem Fußballen, und es ist ihm möglich, jede Sekunde aufzustehen. Damit kann er einmal andeuten, daß er wenig Zeit hat und gleich gehen will. Dieses »auf dem Sprung sein« kann aber auch die Bereitschaft signalisieren, dem Gastgeber jederzeit dienlich zu sein und sich seinen Wünschen zu fügen. Von da ist es zur Unsicherheit nur ein kleiner Schritt: Man hat Angst, Zeit in Anspruch zu nehmen, und ist darauf gefaßt, gleich wieder entlassen zu werden.

Bei Frauen begegnet man häufig dieser Art, sich am Rande eines Stuhles oder Sessels niederzulassen, doch ist dabei eine leichte Variante zu beachten. Frauen gewinnen damit die Möglichkeit, die Beine seitlich parallel aufeinanderzukreuzen und damit die Beinlinie noch zu verlängern. Das wirkt als erotisches Signal und gibt außerdem ein ästhetisches Bild. Dabei liegt die große Zehe seitlich am Boden, und die Fußsohlen sind von ihm abgewendet: Auf diese Weise wird das Signal »keine Zeit« oder »gern zu Diensten« aufgehoben, weil die Frau ja nicht sofort aufstehen kann. Ein weiterer Vorzug: Die seitlich weggestreckten Beine bieten der Körperbalance keine Stütze, so daß der Oberkörper aufrecht gehalten werden muß — und das hebt einige weibliche Attribute sehr vorteilhaft hervor. Werbepsychologen schätzen bei ihren Modellen diese Sitzposition.

Sitzt ein Mensch nur auf dem halben Stuhl, als wolle er noch einem anderen genügend Platz lassen, so fehlt ihm einiges an Selbstbewußtsein. Wahrscheinlich atmet er auch nur sparsam, um anderen nicht den Sauerstoff wegzunehmen. Diese Menschen opfern sich für die anderen und sehen ihre Existenzberechtigung darin, ihnen zu dienen. Dabei sind sie dauernd noch von Schuldgefühlen geplagt.

Wer sich so lasch in den Sessel fallen läßt, daß gleich der ganze Körper zerfließt und wir einen Kollaps fürchten, ist entweder sehr erschöpft oder es fehlt ihm wirklich an innerem Halt, an Festigkeit, Richtung und Willen.

Vor allem jüngere Leute haben die amerikanische Gewohnheit übernommen, auf einem umgekehrten Stuhl zu sitzen, mit der Rückenlehne als Schild und Barriere vor dem Körper. Hinter diesem Bemühen, salopp und leger zu sein, steckt eine ganze Portion Unsicherheit. Man verbirgt sich, sucht Schutz und Deckung.

Wenn einer sich zurücklehnt und mit Hilfe der Fußballen auf den Hinterbeinen seines Stuhles wippt, zieht er sich in die Beobachterposition zurück. Er hat seine Meinung gebildet, sie vielleicht gesagt, und jetzt wartet er auf den nächsten Anreiz, sich wieder ins

Ein ästhetischer Anblick und ein erotisches Signal: Die seitlich verlängerte Beinlinie betont Leichtigkeit und Grazie.

Gespräch einzublenden. Dann hört er auf zu pendeln, kippt vielleicht sogar nach vorne und zieht auf diese Weise die Aufmerksamkeit auf sich. Eine recht selbstbewußte, ein wenig eitle Person.

Wer sich auf die Armlehne eines – vielleicht gar besetzten – Sessels setzt, demonstriert große Vertraulichkeit und manchmal ein bißchen zuviel Souveränität. Er möchte – von oben – ungezwungen oder lässig die Runde dominieren und ihr Thema angeben.

Auf einen unangenehmen Reiz, den wir am liebsten rasch hinter uns haben möchten oder der uns eigentlich vertreibt, reagiert

der Körper oft mit einem kurzen Erheben von der Sitzfläche, um sogleich zurückzusinken. Das ist eine sehr kurze, selten bewußte Intentionsbewegung, die man am ehesten noch im Standbild eines Videorecorders fixieren kann – sonst glauben es die Leute gar nicht. In meinen Seminaren wurde dann erklärt, daran sei nur der unbequeme Stuhl schuld. Das mag schon auch ein Grund sein: Doch der unmittelbare Anlaß zu einem solchen Erhebungsansatz ist mit Sicherheit ein unangenehmer Reiz. Er bestimmt den Zeitpunkt der Bewegung. Das ist ja auch ganz plausibel. Da sitzt ein Mann vor dem Fernsehgerät, die Muskeln tun ihm schon weh, aber das Fußballspiel ist ungeheuer spannend, und er rührt sich nicht vom Fleck. Da, ein Schuß – daneben. Ein Ruf der Enttäuschung, ein kurzes Anheben des Körpers, ein Grund zu gehen; doch das Spiel geht weiter und unser Zuschauer sinkt zurück in den Sitz.

Die Haltung des Oberkörpers ist beim Sitzen auf gleiche Weise zu interpretieren wie beim Stehen – aufrecht bedeutet Vitalität, eingesunken deutet auf Passivität, depressives Naturell. Wenn man den Oberkörper zum Partner neigt, zeigt das natürlich Interesse an; wenn man sich zurücklehnt, zieht man sich auch im Geiste zurück. Interessant wird es, wenn die Signale sich widersprechen. Einer sagt ja und lehnt sich dabei zurück: Damit distanziert er sich von seinen eigenen Worten, und das Signal des Körpers ist das wichtigere! Ein Chef, der sich nach langem Hin und Her schließlich eine Zustimmung abringen läßt und dabei in die Lehne zurücksinkt, erklärt klipp und klar: O. K., ihr wollt es so, aber von mir keine Hilfe. Basta. Lehnt er sich erst nach der Zustimmung zurück, so bestätigt er damit sein Einverständnis.

In der Fußstellung und Beinhaltung erlaubt das Sitzen noch eine Reihe von Varianten, weil diese Glieder weniger oder gar nicht belastet sind. Man kann die Füße am Knöchel hintereinander verriegeln: Das ist, als halte man etwas zurück, was noch nicht gesagt ist oder nicht gesagt werden soll. Es zeigt aber auch eine innere Verspannung an – der arme Mensch steht in der Gefahr, sich selbst ein Bein zu stellen.

Ganz anders ist da einer, der seine Füße um die Stuhlbeine schlingt: Den bringt man nicht von seinem Standpunkt weg, der klammert sich dran fest bis zum Untergang.

Leute, die innerlich weg wollen, beginnen mit den Füßen Gehbewegungen, rücken sie vor und zurück, trippeln mit den Fersen. Wer die Fußsohle vom Boden löst, die Füße vielleicht seitlich auf den Spann legt oder nach vorne streckt, vergrößert einerseits sein Territorium und Wohlbefinden; andererseits signalisiert er damit, daß er sich nicht mit dem Boden der Realität auseinandersetzen möchte. Und wer die Füße mit einer bremsenden Bewegung von sich schiebt, der zieht auch innerlich die Bremse an und löst Sperren aus.

Sitzarten
(von links nach rechts)

Die locker übereinandergeschlagenen Beine zeigen nicht immer Aufgeschlossenheit, sondern auch Akzente der Reserve.

Der offene legere Sitz demonstriert Vertraulichkeit; das gestreckte Bein drängt nach vorne und deutet den Anspruch auf ein größeres Territorium an.

Der Kopf weicht der direkten Konfrontationslinie aus, und während die offene Brusthaltung und der breite Sitz Selbstsicherheit ausweisen, baut das quergelegte Schienbein eine schützende Barriere.

Die Füße schlingen sich um das Stuhlbein: Mich bringst du hier nicht weg, das ist meine Position!

Die doppelt verriegelten Beine und die verkrampfte Schulterpartie verraten die ganze innere Verspannung und Unbeweglichkeit.

Ein kurzes Anheben, ein Zurechtrücken im Sitz: Er fühlt sich unbehaglich und möchte am liebsten gehen.

Besondere Aufschlüsse gewährt das Übereinanderschlagen der Beine. An sich ist das ganz einfach eine zweckvolle Bewegung und Haltung, weil sie Gesäß- und Kreuzmuskeln verstärkt und das längere Sitzen erleichtert. Aber sie zeigt nicht nur erhöhte Spannung, sondern auch Feinheiten der Beziehung. Wenn beim Übereinanderschlagen der Beine der Oberschenkel vom Gesprächspartner weggezogen wird, so signalisiert diese Intentionsbewegung auch eine Abwendung in Richtung des aufgelegten Beines. Sitzen zwei Personen so nebeneinander, daß die Fußspitzen ihrer übergeschlagenen Beine zueinander zeigen, so bilden sie eine Kreisintention: Ein Zeichen für Kontaktsuche, Zuneigung, Harmonie untereinander. Ebenso bestimmt läßt die gegenläufige Haltung – Fußspitzen einander abgewendet – auf Differenz und Trennung schließen. Wenn nun aber mehrere Leute in einer Linie nebeneinander sitzen und alle das gleiche rechte oder linke Bein über das andere schlagen, so wird darin eine hohe Solidarität augenfällig.

Sitzt jemand mit übergeschlagenem Bein einem anderen mit weit gespreizter Beinhaltung so gegenüber, daß die Fußspitze direkt

Die Beine der drei Frauen sind in gleiche Richtung geschlagen und zeigen ihr Einvernehmen. Der Mann schließt mit seiner Gegenbewegung die Gruppe und bildet einen Vertrauenskreis mit der Frau neben ihm.

auf die Genitalien des Visavis zeigt, so artikuliert er damit Aggressivität. Die Drohung wird verstärkt, wenn dieser Fuß auch noch zu wippen beginnt, als wolle er dem anderen zwischen die Beine treten. Dabei ist zu bedenken, daß während des Sitzens jede Trittbewegung des Fußes eine Reaktion auf nicht akzeptable Reize ist. Daraus ergibt sich der Zusammenhang, daß die gespreizten Beine, das männliche Imponiergehabe der Zurschaustellung von Potenz, vielfach als Provokation und Herausforderung empfunden werden, die Aggressivität wecken. Darum finde ich zwei Variationen dieser an sich ja ganz bequemen Beinhaltung bemerkenswert, in denen diese Reizwirkung vermieden wird. Amerikaner sitzen häufiger als Europäer mit gespreizt aufgeschlagenen Beinen, so daß der Knöchel des einen Beines rechtwinklig auf dem Knie des anderen ruht. Das ist eine lässig imponierende und scheinbar offene Position, in der aber doch das quergelegte Schienbein eine Barriere baut – Schutz und Zurücknahme der Provokation zugleich. Die andere Weise, dieser Haltung den Affront zu nehmen, ist ihre Verdeckung durch auf die Schenkel gestützte Unterarme und zwischen den Beinen verschränkte Hände.

Die beiden Frauen schließen einen intimen Kreis. Der Mann gesteht durch die Gegenrichtung seines übergeschlagenen Beines ein, daß er trotz seines Interesses von der Runde ausgeschlossen ist.

Bei Frauen entspricht das Sitzen mit geschlossenen Knien der Konvention der Zurückhaltung und dem Schutz ihrer Keuschheit. Bei moralisch sehr ängstlichen Frauen gesellt sich dazu oft noch ein zweiter Schutz: Sie nehmen die Handtasche vor den Schoß. Und wenn jetzt noch beide Füße knöcheleng geschlossen nebeneinander gestellt werden, ist die Haltung des »Braven Kindes« vollkommen. Hinter dieser konventionellen Perfektion verbergen sich oft schlimme Verkrampfungen, Unsicherheit und Ängste. Ein Beispiel will ich aus meiner Erfahrung schildern.

Die Frau saß da mit kerzengeraden Beinen, Füße parallel, Knie aneinander, Hände im Schoß, eine energische Stimme; ganz der Eindruck einer wohlerzogenen Dame, großer Selbstsicherheit. Sie schien stolz auf alles: Den gemeinsamen geschäftlichen Erfolg mit ihrem Mann, ihre drei Kinder, sie kochte gern, machte die Hausarbeit, »niedrige« Arbeiten auch im Geschäft. Kurzum, perfekt. Das Seminar besuchte sie, damit man ihr nicht nachsagen könne, sie habe nicht jede Chance für die Firma genutzt. Ich deutete an, mit all den Leistungen folge sie wohl eher dem Gesetz ihrer Erziehung, das sie

Imponiergehabe: Das breit gespreizte Sitzen stellt seine Potenz zur Schau.

zwinge, Erwartungen zu erfüllen, nicht Freude und Selbstsicherheit, sondern Pflichtbewußtsein treibe sie an. Das verwirrte sie. Der Sohn habe das Abitur gemacht, erwähnte sie – und bremste dabei mit dem Fuß. Ich ging auf dieses Signal ein, fragte nach, und es kamen schwere familiäre Belastungen zum Vorschein. Der Sohn wollte unbedingt Medizin studieren, sollte aber das Geschäft übernehmen, und sie warf ihm bitterlich vor, der Familie nicht Gleiches mit Gleichem zu vergelten, nämlich mit Pflichtbewußtsein . . .

Das Sitzen mit gestreckten Beinen zeigt Entspannung – eine Haltung, die man ungenierter in der Freizeit und beim Lagern auf ebenem Boden einnimmt. Sind dann die Knie hochgezogen und die Hände hinten aufgestützt, so bildet man eine Mauer. Umfangen dagegen die Arme die Knie und ziehen dabei den Oberkörper nach vorne wie an eine Brüstung, so ist das ein Zeichen von Gefaßtsein und konzentrierter Aufmerksamkeit.

Auf den Fersen hocken oder sich in die Knie niederlassen ist als soziales Signal eine Geste der Demut und Unterwerfung. In zahlreichen Gebärden und ritualen Formen wird diese Bedeutung evident. Man zwingt jemand in die Knie, fleht kniefällig um Hilfe. In katholischen Bittprozessionen nähert man sich auf Knien dem Heiligtum, das Gebet des Islam wird kniend verrichtet und im Fernen Osten ist die Verneigung und das Sitzen auf Knien immer auch eine ritualisierte Form der Ergebenheit.

Brust und Atmung

Der Brustkorb umschließt die beiden Kraftquellen unseres Körpers, Herz und Lungen. Die Lungen versorgen uns durch den Atmungsvorgang mit lebensnotwendigem Sauerstoff, das Herz pumpt durch seine Muskelkraft das sauerstoffgesättigte Blut noch in die letzte Körperzelle. Das Zusammenwirken dieser beiden Triebwerke schenkt uns Aktivität, Vitalität, Lebenskraft. Es ist wohl unmittelbar einleuchtend, daß Beweglichkeit und Bewegung des Brustkorbes, des Lebensraumes dieser Organe, auch ihre Aktivität und Dynamik in Wechselwirkung beeinflussen und anzeigen. Ein lockeres und kräftiges Ein- und Ausatmen gibt uns ein freies Gefühl und ungehinderte Lebensfreude. Eine starre Brust und flaches Atmen beengen und reduzieren auch unser Gefühlsleben. Hält man sich mit der Luft knapp und läßt sie heraus, so gleitet man in einen passiven Zustand. Nimmt man sie mit geschwellten (Lungen-)Flügeln auf, so bringt man sich in eine aktive, unternehmungslustige Verfassung.

Das ist eine bewußte Akzentuierung, denn normalerweise atmen wir durch die Bewegungen des Zwerchfells. Wenn die Muskeln sich lockern, holen wir damit automatisch Atem, und diese Sauerstoffmenge reicht zum Leben. Aber nicht für eine größere Aktion. Dafür muß man bewußt Luft einholen, und das geschieht durch die Bewegung des Brustkorbs. Diese Luft wiederum stärkt und stabilisiert die bewegliche Mittelpartie des Körpers zwischen Becken und Brustraum, die Taille, von der die zentrale Kraftleistung unseres Körpers ausgeht. Ihre freie Beweglichkeit um die Mittelachse wird durch die starke Bauch- und Rückenmuskulatur unterstützt. Sie hilft uns auch, harte Schläge zu ertragen, und wir können dazu noch die Belastbarkeit der tragenden Wirbelsäule durch Einatmen und Weitung des Brustkorbes erhöhen.

Wenn wir nicht schon von vornherein resignieren und auf aktives Handeln verzichten, können wir darum sagen: Jede Aktion beginnt mit Einatmen. Die Brust hebt sich, wenn wir auf Aktivität umschalten. Das können wir auch bei einem Gesprächspartner erkennen: Er atmet ein und will loslegen. Wenn er dagegen nachgibt, holt er kurz Luft und läßt sie resignierend wieder heraus – Pustekuchen, da kann man nichts machen. Aus diesen Verhaltenssignalen sollten wir Konsequenzen ziehen. Wenn wir am Atemholen sehen, daß der andere die Initiative übernehmen will, sollten wir ihm die Gelegenheit geben. Er fühlt sich dann erst einmal wohler und er weiß, was er jetzt ausdrücken will, womit er uns gleichzeitig eine für ihn und uns bedeutsame Information liefert. Man soll niemanden blockieren, der diesen Anlauf nimmt, sollte den eigenen Satz kürzen und ihn reden lassen. Und wenn er durch langsames Ausatmen seine Resignation kundtut, sollten wir ihm fairerweise durch Herunterschalten unserer Aktivität die Möglichkeit neuer Sammlung gewähren. Es kommt sonst nicht mehr viel heraus – außer der Bestätigung unserer Dominanz.

Von der aktiven Fähigkeit der Brust hängt auch die Kraft und Vitalität unserer wichtigsten Werkzeuge ab, der Arme und Hände. In ausgeatmetem Zustand ist ihre Handlungsfähigkeit begrenzt – tatkräftiges Handeln setzt die Aufnahme von Luft voraus, und schon wird Energie aktiviert.

Über einige Signale der Brusthaltung haben wir schon gesprochen. Wenn ich die Brust blähe, deute ich damit meine Bereitschaft zu Aktivität, zu Konfrontation oder Aggression an. Das ist nicht ungefährlich und führt leicht zu Mißverständnissen.

Wenn es an der Tür klingelt und da steht ein ganz guter Bekannter mit stramm gefüllter Brust, denkt man sicher zuerst: Na, vielleicht hat er was. Er läuft oder sitzt aber weiter so herum, und es wird einem allmählich unbehaglich. Er weiß es vielleicht gar nicht, aber tatsächlich signalisiert er bei aller sonstigen Freundlichkeit mit dieser Haltung »Attacke!«. Sein Gegenüber fühlt sich bedroht, und das wird sicher kein gemütlicher Abend.

Bei manchem Typ – Sportskerle und Mordskerle, Hans Dampf und Alleinunterhalter – gehört die geschwellte Brust schon zum Habitus. Vielleicht ist er sonst ein ganz lieber Kerl und versteht gar nicht, warum sich die Leute von ihm zurückziehen. Aber er müßte Schlüsse daraus ziehen, und Freunde könnten ihm behutsam dabei helfen. Der Körper ist der Handschuh der Seele. Irgendwann färbt diese angenommene oder aufgesetzte Dauergebärde (vielleicht will er sich ja nur Mut machen!) seine psychische Haltung ein. Eine Änderung seines Körperverhaltens würde auch seine psychische Verfassung verändern oder wieder in Harmonie bringen.

Und schließlich ist die hochgetragene Brust nicht nur bei Frauen ein Versprechen erotischer Aktivität. Sie gehört auch bei Männern zum Imponiergehabe, in dem man noch die Demonstration gegenüber dem Rivalen erkennt und das Signal an die Umworbene: Ich bin stark und vital. Was davon zu halten ist, erzählt am besten die Geschichte von jenem Herrn, der federnden Schrittes und mit aufgeblasener Brust zum Swimmingpool kommt: Na, wo sind die Mädchen heute?! Es sind keine da. Darauf sinkt die Brust ein, der Bauch entspannt sich, und er sagt: Gott sei Dank!

Kopf und Hals

Im Kopf tragen wir vom Auge bis zur Zunge alle Sinnesorgane, die uns Informationen geben, und das Gehirn, das zentrale Organ der Speicherung und Entscheidung. Seine Beziehung zum Hals schildert eine Parabel aus dem Fernen Osten. Da stritten sich Mann und Frau, wer von ihnen das Sagen habe. Der Mann behauptete: Ich bin der Kopf und entscheide. Und die Frau erwiderte: Ich bin nur der Hals, aber ich bewege dich, wohin ich will . . .

Wenn man sich den Kopf als einen Radarschirm vorstellt, so hängt natürlich seine Aufnahmefähigkeit von der Gelenkigkeit des Halses ab, der ihn bewegt. Ein sehr beweglicher Hals zeugt darum von einer Person, die sehr viele Informationen aufzunehmen entschlossen ist, jeder Einstrahlung und jedem Kommunikationsangebot aufgeschlossen und bereit ist, auf diesen Informationsfluß zu reagieren. Wenn man den Informationsfluß stoppen und sich auf eine Richtung konzentrieren will, braucht man nur den Hals zu blockieren.

Um die Beweglichkeit des Halses zu gewährleisten, muß er sehr frei stehen. Er hat aber nur schwach ausgebildete Muskelpartien, die ihn vor Schlägen, Zugriffen und Angriffen aller Art schützen könnten. So lebenswichtige Organe wie Schlagadern und Atemwege sind deshalb leicht verwundbar und schwer zu verteidigen, der Hals ist »bloßgestellt«. Um ihn zu schützen, gibt es zwei Möglichkeiten. Man

Die Hand geht schützend zum freigestellten Hals, um einen sicheren Moment des Nachdenkens zu gewährleisten.

kann die Schultern hochziehen und damit die Halsflügel in Deckung bringen. Oder man kann den Kopf nach vorne neigen und dadurch die Kehle schützen. Der Schädel ist schließlich härter als der Hals.

Jede Art, die Schultern hinaufzuziehen oder das Kinn hinunterzudrücken ist darum eine Form der Verteidigung. Es kann sich um ein Moment der Unsicherheit handeln, in dem ich sage: Ich weiß es nicht! Für diesen Augenblick gehe ich in Verteidigungsposition und hebe die Schultern. Ich lasse sie wieder fallen, wenn ich den Eindruck habe, daß die fragliche Angelegenheit nicht wert ist, verteidigt zu werden. Denke ich noch darüber nach und will mir die Möglichkeit offenhalten, so bleiben die Schultern oben und das Kinn unten.

Das Zeigen der Halsflügel ist ein Signal, das in der Verhaltensbiologie verankert ist. Wenn Raubtiere eine Beute schlagen, so springen sie dem Opfer an den Hals, weil hier sein verwundbarster Punkt ist und der Lebensnerv bloßliegt. Doch auch in Rivalitätskämpfen unter Artgenossen ist der Hals das Angriffsziel des Bisses, der wunde Punkt. Diese Tatsache führte in der Umkehrung zu einer Demutsgeste. Wenn wir Unterwerfung, Vertrauen oder Hingabe ausdrücken wollen, bieten wir den Halsflügel offen dar und signalisieren damit unseren Verzicht zu kämpfen. Wenn wir jemandem frei von Absichten und Gefühlen der Konfrontation zuhören möchten, so zeigen wir das durch eine seitliche Neigung des Kopfes und legen den Hals frei. Auch in der Liebesbeziehung und im erotischen Spiel gehört diese Geste zu den unmißverständlichen Signalen. Mit einer Handbewegung streicht eine Frau die Haare zurück und wartet mit seitlich geneigtem Kopf auf die Antwort. Der zarte Kuß auf den entblößten Hals gibt die erwartete Erwiderung: Ich nutze dies Vertrauen nicht aus.

Wenn wir mit jemandem sprechen, ihm zuhören und dabei den Kopf zur Seite neigen, zeigen wir Vertrauen und nehmen auf, was er sagen will. Sobald uns etwas nicht gefällt, irritiert oder wider den Strich geht, fährt der Kopf zurück zur Mittellinie: Wie war das gemeint?! Daran kann der Gesprächspartner erkennen, daß er hier Anstoß, Konfrontation, Widerspruch geweckt hat. Vielleicht muß er nur richtigstellen, mehr Information geben – vielleicht aber auch seinen Standpunkt ändern oder eine Auseinandersetzung annehmen.

Etwas ganz anderes ist es, wenn nicht die Seite des Halses, sondern die Kehle bloßgestellt wird. Dann gehen Kinn und Kopf in der geraden Linie der Konfrontation nach oben, der Hals wird vorne frei. Aber diese Position nennen wir hochnäsig oder hochmütig. Sie erklärt: Ich konfrontiere dich, aber ich habe keine Angst – wenn du mir an die Gurgel springen willst, reagiere ich schneller. Eine Herausforderung also. Läuft einer mit erhobenem, von der Mitte nach oben weisendem Kopf herum, so wirkt das immer provokant und arrogant.

Ich beobachtete einmal einen italienischen Kellner in einem ausgezeichneten Restaurant. Er war offensichtlich hervorragend ausgebildet und perfekt in der Handhabung seiner Aufgaben. Er hatte nur ein kleines Problem. Er trug die Nase hoch. Als jemand Spaghetti vongole bestellte, die es nicht gab, und er nach anderen Wünschen fragte, bekam er auch schon die mürrische Antwort: Dann nicht. Als er einem Gast sehr prompt die beim Gedeck vergessene Gabel nachlegte, zuckte der zurück. Binnen 20 Minuten gab es an jedem Tisch einen Anflug von Ärger. Dabei machte der Mann eigentlich nichts falsch. Er trug nur die Nase zu hoch, und damit fühlten sich die Gäste von oben herab behandelt, verletzt. In diesem Beruf ist diese Attitude natürlich besonders mißlich, weil jeder eine gewisse Diensteifrigkeit erwartet – und die kann man mit gereckter Nase nicht bringen. Andererseits: Der Ober war gewiß überzeugt, seine Gäste seien schrecklich aggressiv und verstünden nichts von anständiger Bedienung. Ihm war nicht bewußt, daß er nur das Feedback seiner provozierenden Kopfhaltung erlebte.

Man begegnet häufig der Meinung, kleine Leute litten unter einem besonders starken Geltungsbedürfnis und trügen deshalb die

Durch Heben des Kinns wird die ganze Halspartie entblößt: Ein sicheres Zeichen von Provokation oder Konfrontation.

Nase hoch. Das ist wieder so ein Fall, wo man sich vor übereilten Urteilen hüten und mehrere Faktoren berücksichtigen muß. Selbstverständlich gilt für kleinere ebenso wie für größere Menschen die Annahme der »Hochnäsigkeit«, und sie wirken provokant, wenn sie ständig mit hochgezogenem Kopf einhergehen. Oft entsteht dieser Eindruck aber auch nur, weil man ihnen eben als größerer Mensch gegenübersteht und sie hochschauen müssen, um einen anzusehen. Wenn man sich dann zueinandersetzt, wird man rasch merken, ob das ihre regelmäßige Kopfhaltung ist. Andererseits ist gut zu verstehen, daß dieses Hinaufschauen kleingewachsenen Menschen nicht angenehm ist, weil es automatisch eine Oben-Unten-Beziehung aufbaut. Dem kann man ausweichen, indem man einfach den Abstand zwischeneinander vergrößert: Mit der Entfernung wird der Blickwinkel ausgeglichener und das Größenverhältnis nivelliert. Doch es gibt gerade bei Menschen mit kurzer Statur auch eine Gegenreaktion: Sie treten besonders nahe an den anderen heran. Damit wollen sie demonstrieren: Du imponierst mir mit deiner Größe gar nicht – ich dringe ganz dicht in dein Territorium ein und habe dennoch keine Angst vor deiner Überlegenheit. Man nennt das den Napoleon-Komplex, und der muß nicht von Hochmut sprechen, sondern kann auch Selbstsicherheit oder Trotz bezeugen. Übrigens haben außerordentlich hochgewachsene Leute oft noch andere Probleme: Ihre Größe setzt sie in Verlegenheit. Sie versuchen, ihre Höhe auszugleichen, und geraten dadurch in eine sehr passive Haltung. Die Brust fällt ein, die Arme hängen lose neben dem Körper, und ihre Bewegungen sind gehemmt, weil sie den enormen Effekt dieser langen Gliedmaßen fürchten. Zwei Meter genügen, mehr Aufmerksamkeit wollen sie nicht auf sich ziehen, und darum machen sie sich schmal und zahm.

Die Form des Gesichtes ist uns angeboren, Ähnlichkeiten mit verwandten Personen ergeben sich durch den genetischen Code. Dennoch schaut jedes Gesicht durch seinen Bau, seinen Ausdruck, seine Mimik anders aus. Lebenseinstellung, Erlebnisse und innere Verfassung prägen mit den Jahren seine Individualität, die von der Umwelt als unsere Identität erkannt wird, und die Abweichungen von der Grundform spiegeln die momentane Stimmung. Die Muskulatur des Gesichtes ist von großer Beweglichkeit und gewährt eine breite Palette von Gefühlsäußerungen. Die Fähigkeit starken Erlebens hängt nicht allein von der Beweglichkeit der Brust, sondern ebenso von der Elastizität der Wangen ab, die Emotionen und Gemütsbewegungen Gestalt geben. Bei jeder vitalen und fröhlichen Regung heben sich die Muskeln, und wenn die Lebensgeister sinken und die Freude schwindet, zieht es die Miene nach unten; der Energiestrom fällt abwärts. Ausdruckslose Gesichter wirken kalt und gefühllos. Entweder ist dieser Mensch nicht fähig zu intensivem Erleben, oder er hat Angst vor Erlebnissen oder er will ihren Eindruck verbergen, weil sich Gefühlsausdruck nicht ziemt. Wenn jemand gar die Gestaltung seines Lebens wie mit einer Rechenmaschine kalkuliert, damit auch alles in sicheren Bahnen bleibt, muß er seine Gefühle ohnehin unterdrücken, und die Starre dieses Planes findet sich auch in der Reglosigkeit seines Gesichtes wieder.

Innerhalb der vorgegebenen, der entwickelten oder verhinderten Elastizität können wir unsere Gesichtsmuskulatur bewußt aktivieren, um einen Ausdruck zu gestalten, der anderen Signale gibt. Das kann von der Betonung einer spontanen Empfindung bis zur regelgerechten Mimik reichen. Die Fähigkeit der Nachahmung ermöglicht uns, die nach den gesellschaftlichen Spielregeln jeweils passende oder verlangte Mimik vorzuzeigen. Einem spielenden Kind zeigen wir ein anderes Gesicht als einem Bankdirektor. Der Priester trägt bei der Hochzeit eine andere Miene als bei einem Begräbnis. Und ein Diplomat gewöhnt sich gelegentlich eine Neutralitätsmaske an, die auch sein Innenleben verhängt.

Der Ausdruck des Gesichtes ergibt sich aus der Kombination und dem Zusammenspiel seiner einzelnen Teile – doch dies kann auch ein Widerspiel werden, Widersprüche offenbaren. Wir müssen deshalb diese Ausdrucksmittel einzeln behandeln, um ihre Aussage zu erkennen; doch wir dürfen nicht den Fehler machen, sie für sich und für das Ganze zu nehmen. Erst der Zusammenhang erlaubt eine Bewertung.

Die Augen

Der Ausdruck der Augen kommt zustande durch die Bewegung der Muskeln um die Augenpartie und die Augen, durch die Intensität des Blickes, durch den Vitalitätsgrad im Glanz des Auges, durch die Größe der Pupillen und durch die lockere oder steife Haltung der Nackenmuskeln.

Bei der Analyse des Pupillenausdrucks muß man bedenken, daß sie zuerst einmal rein physiologisch auf Lichtverhältnisse reagieren. Sie verengen sich bei großem Lichteinfall und erweitern sich bei geringer Helligkeit, damit wir besser wahrnehmen können. Auf Gefühlseinflüsse reagieren die Pupillen analog. Sie werden größer, wenn der Mensch etwas sieht, das er begehrt, ihm angenehm ist oder ihn interessiert. Auch Gedankenströme verursachen diese Wirkung: In der Konzentration auf eine Person oder eine Sache weitet sich die Pupille. Da die Erweiterung der Pupille mit einem positiven Gefühl verbunden ist, wirken Menschen mit großen Pupillen auf uns sympathischer, anziehender. Frauen haben das längst entdeckt und sich zunutze gemacht. Schon im Altertum träufelten sie sich Belladonna, einen Extrakt der Tollkirsche, ins Auge, der durch die Wirkung des

Offene Augenkontakte (mit unterschiedlicher Wirkung: Normale und geweitete Pupillen)

Atropin die Pupille erweitert. Augen sind verräterisch – im guten wie im schlechten Sinne. Professionelle Spieler bedienen sich getönter Augengläser, um sich nicht durch die Erweiterung ihrer Pupillen zu verraten, wenn sie ein gutes Blatt auf die Hand bekommen. Doch es geht auch andersherum. Wenn sich eine intensive seelische Spannung durch die Vergrößerung der Pupille ausdrückt, so antwortet der Partner, dem wir uns zuwenden, darauf unbewußt oft mit dem gleichen Signal – es öffnen sich die Fenster zur Seele. Der Umkehrschluß ist freilich ebenso richtig. Wenn wir negative oder abstoßende Eindrücke haben, feindselige Gedanken hegen, so verengt sich die Pupille.

Ein intensiver Blick in gerader Sehlinie mit gespannten Nakkenmuskeln – bei dem man sich auf »das Schwarze im Auge« zu konzentrieren meint – ist ein eindeutiges Signal: Ich konfrontiere dich, ich fixiere diesen Punkt! Dieser anhaltende Blick enthält Drohung und Warnung; auch in der kritischen Betrachtung ist da der Vorbehalt, sich abweisend zu entscheiden, jemanden abzulehnen. Der intensive Blick ist immer ein Kräftemessen. Wer erinnert sich

Auf engem Territorium – wie in einem Lift – suchen die Augen immer einen ablenkenden Blickpunkt, um die Konfrontation mit dem anderen zu vermeiden ...

nicht des Kinderspiels: Wer als erster die Augen niederschlägt, hat verloren. Diese Bewertung verfolgt uns ein Leben lang, wenn wir uns bei der Beobachtung einer anderen Person ertappt fühlen und den Blick abwenden.

Dabei geschieht die Wahrnehmung eines anderen Menschen immer nur durch direkten Blickkontakt; aber Dauer und Intensität des Blickes geben das Signal, ob ein Territorialkampf stattfinden wird oder unter Verzicht auf diese Auseinandersetzung eine Beziehung zueinander entstehen soll. Dann schweift der Blick kurz ab und unterbricht die Konfrontation. Dieses Ritual vollzieht sich bei jeder Begegnung von zwei Personen aufs neue. Kennen sie sich bereits, so beginnt mit dem Blickwechsel ihre Unterhaltung. Im Laufe des Gespräches folgen dann ganz unterschiedliche Blickkontakte je nach Aussage und Situation. Doch am Ende oder beim Abschied wird wieder dieser Ritualblick getauscht.

Unter Unbekannten, die auf der Straße in kurzer Entfernung aneinander vorbeigehen und nicht anderweitig abgelenkt sind, kommt es auch zu diesem Kontakt. Die soziale Nähe erzwingt, den

anderen zur Kenntnis zu nehmen, auch wenn man mit ihm gar nicht weiter kommunizieren will. Der kurze Blickwechsel, wie unbeteiligt er sich immer gibt, signalisiert: Ich habe dich wahrgenommen und verzichte auf Kampf. Das gleiche ist der Fall, wenn jemand einen Lift oder ein Zugabteil betritt. Ein kurzer Kontakt ist unverzichtbar, aber weitere sind nicht nötig; sie würden eher als irritierend oder zudring- lich empfunden, sind einem selbst peinlich. Also schaut man unglaublich interessiert auf den Etagenanzeiger des Aufzugs, auf die eigenen Fingernägel oder Reklametafeln und im Zug zum Fenster hinaus.

Wenn dieses Blickritual aber nicht eingehalten wird, fühlt sich der andere übergangen und gekränkt, als hätten wir gesagt: Du hast gar keine Rechte, du bist für mich Luft! Auch noch in einer vertrauten Beziehung. Der Mann, der sich beim Frühstück mit der Zeitung beschäftigt und auf die Fragen seiner Frau antwortet, ohne die Augen zu heben, kriegt bestimmt Ärger. Er versteht das nicht, denn er hat doch geantwortet – aber das genügt nicht. Er hat den Ritualblick verweigert, der genetisch programmiert ist, und deshalb fühlt sich die

. . . aber dem geht immer ein kurzer Blick- kontakt voraus, mit dem man Wahrneh- mung und Kampfverzicht signalisiert!

Die gesenkten Augenlider zeigen eine nachgebende Unterordnung und die freien Halsflügel Vertrauen.

Frau zu Recht in ihrem Existenzanspruch ignoriert und behandelt, als sei sie ein beliebiger Gegenstand.

Für die Dauer des direkten Anblickens gibt es ziemlich feste Regeln, doch sind sie in jedem Kulturkreis anders. In der westlichen Zivilisation währt der Ritualblick zwischen zwei und vier Sekunden bei Leuten, die sich nicht kennen; im vertrauten Umgang je nach Situation kürzer oder erheblich länger. Dabei tauschen Mann und Frau bei sympathischen Empfindungen den Blick sehr viel länger aus, als das unter Männern der Fall ist. Im Mittelmeerraum und den arabischen Ländern dagegen hält der Blickkontakt sehr viel länger unter Männern an. Asiaten wiederum schauen sich nur kurz in die Augen, wandern dann mit dem Blick zwischen Augen und Halshöhe hin und her, um sich der Rückkoppelung zu versichern. Afrikaner schauen während des Gespräches oft überhaupt weg und nehmen erst zum Schluß wieder Augenkontakt auf, um die Reaktion einzuschätzen.

Wenn jemand uns überzeugen will und sich seiner Argumente unsicher ist, versucht er meist, uns mit den Augen zu fixieren, und läßt damit keine Sekunde aus. Er will uns zwingen, uns auf ihn zu

konzentrieren. Tatsächlich erzielt er damit eine ganz andere Reaktion. Nach fünf Minuten hören wir nämlich nicht mehr darauf, was er sagt, sondern sind vollauf damit beschäftigt, der Herausforderung dieses Blickes zu begegnen: Wir stellen uns dem Kampf. Deshalb sollte man auch bei intensivem Gespräch dem Partner immer die Möglichkeit lassen wegzusehen, dabei die Information zu verarbeiten und die eigenen Gedanken zu ordnen. Dann führt er seinen Blick von sich aus und bereit zu neuer Aufnahme zu uns zurück.

Gelegentlich begegne ich der Frage, ob man sich überhaupt in beide Augen schaue, nur in eines oder zwischen die Augen? Schon die Fragestellung ist ein Zeichen, wie unbeholfen wir mit unserer Körpersprache umgehen. Wenn ich jemandem zwischen die Augen auf die Nasenwurzel gucke, dann fixiere ich ihn, und er muß sich überlegen, ob ich ihn nun konfrontiere oder ignoriere. Eine Kontaktnahme ist das nicht, und Kommunikation kann dabei nicht entstehen: Denn der andere ist verwirrt und bemerkt zu Recht, daß ich ihm meine Gefühle gar nicht mitteile. Man schaut auch nicht in ein Auge (das hätte einen ähnlichen Effekt), sondern man schaut sich in die

Die aufgerissenen Augen und der geöffnete Mund signalisieren Erwartung und Bereitschaft, Informationen aufzunehmen.

Augen, ins »Gesicht«, und dabei wandern unsere Augen in feinen oder größeren Abweichungen.

Der tiefe, zärtliche Blick wird gewechselt zwischen Mutter und Kind, zwischen Liebesleuten oder er kommt auf bei der Betrachtung einer Situation, die liebevolle Gefühle hervorruft. Die Augenmuskeln sind dabei locker, der Kopf neigt sich zur Seite, der Nacken ist weich und schmiegsam. Ähnlich ist die Haltung beim verträumten Blick, doch scheinen die Augen dabei wie verklärt, der Blick nach innen oder in die Ferne gerichtet. Liebespaare können so stundenlang beieinander sitzen. Sie sehen sich zärtlich in die Augen, nehmen die Umwelt nur vernebelt wahr, reden kein Wort, und sagen am Ende: Es war ein toller Abend. Die Emotion und Zärtlichkeit in der Sprache ihrer Augen ist ihnen die beste Verständigung.

Normalerweise ist unser Blick in gerader Linie von Kopf und Augen auf das betrachtete Objekt gerichtet, und die Veränderung der Blickrichtung geht eher von der Bewegung des Nackens als vom Spiel des Augapfels aus. Solange nichts Ungewöhnliches geschieht, reagieren auch die Augen nicht in auffallender Weise. Doch sobald etwas passiert, das die gewohnte Wahrnehmung durchbricht, öffnet sich die Muskulatur und das Auge weitet sich, als vergrößerte es seinen Brennpunkt. Die Muskeln behalten diese Spannung, um ein Zukneifen der Augen aufgrund anderer äußerer Reize zu verhindern: Gesammelte Aufmerksamkeit. Diese Reaktion erfolgt zuverlässig, wann immer ein außergewöhnliches Ereignis wahrgenommen wird. Eine abrupte Bewegung, ein plötzliches Geräusch, eine unerwartete Begegnung, Schreck oder Überraschung. Die Augen werden aufgerissen, verlangen mehr Information, breitere Information.

Das Überraschungsmoment löst parallele Reaktionen im Körper aus – das läßt sich im Selbstversuch rasch feststellen. Wenn man während des Gehens plötzlich die Augen aufreißt, dann bremst der Fuß in diesem Augenblick seine Bewegung ab, der Nacken versteift sich. Der Grund: Die Augen funktionieren als Alarmanlage, die das ganze System warnt und schützt. Wenn sie sich plötzlich weiten, signalisieren sie Außergewöhnliches, und das könnte auch Gefahr bedeuten. Beine und Nacken blockieren, die ganze Körperkonzentration wird auf das auslösende Moment gerichtet, jede Bewegung könnte falsch sein. Verläuft die Prüfung beruhigend, dann gehen die Augen wieder in normale Stellung zurück, und die Bewegung wird fortgesetzt. Diese Koppelung ist so synchron, daß wir aus dem Moment, in dem der Schritt stockt, auch genau den Zeitpunkt des geweiteten Augenblicks bestimmen können.

In der Regel werden wir freilich eher aus der Veränderung des Augen-Blickes unser Verhalten einstellen können, denn wir sehen dem anderen ja ins Gesicht. Wenn sich in irgendeinem Moment der Unterhaltung seine Augen vergrößern, so haben wir ein Signal, das

immer bedeutet: Ich möchte mehr Information. Die Ursachen dieses Wunsches können verschieden sein. Er hat etwas nicht richtig verstanden. Er hat etwas Außerordentliches gehört und wird neugierig. Er hat einen schwachen oder gefährlichen Punkt entdeckt und will sich absichern.

An einem konkreten Beispiel will ich demonstrieren, welch nützliche Überlegungen und Verständigungsmöglichkeiten uns dieses Signal der Augenerweiterung eröffnet, wenn wir drauf eingehen. Nach einem Vertragsabschluß erzählt der Verkäufer im informellen Gespräch seinem Kunden, welch große Schwierigkeiten seine Firma mit den neuen Lastwagen habe. Und da schaut der groß auf. Warum? Es könnte sein, daß er selbst solche Lastwagen kaufen und darum mehr darüber wissen will. Aber vielleicht macht er sich auch Gedanken, ob ihm die Ware rechtzeitig geliefert wird, wenn der Verkäufer Transportprobleme hat. Oder er hat an vergleichbaren Ärger im eigenen Betrieb gedacht, der mit dieser Unterhaltung gar nichts zu tun hat. Wichtig ist in jedem Fall: Den »Augenwink« wahrzunehmen und zu beantworten. Dann kann man durch behutsame Rückfragen

Die gespaltene Reaktion: Ich glaube dir halbwegs, doch ich bin mißtrauisch und möchte mehr wissen.

Der konzentrierte Blick: Ich fixiere einen ganz bestimmten Punkt.

hören, welche Vermutung zutrifft, und durch entsprechende Informationen reagieren.

Auch wenn die Augen schmaler werden, wir sie zusammenziehen, signalisiert das ein Verlangen nach Information – aber jetzt nicht nach Erweiterung und Ergänzung, sondern nach Vertiefung und Detaillierung. Man konzentriert sich so auf einen Punkt, man verengt den Fokus: Das Drumherum stört jetzt, nun will ich es genau wissen. Man muß freilich auf zwei Möglichkeiten gefaßt sein, wenn der Gesprächspartner die Augen zusammenzieht. Wahrscheinlich kündigt das die gezielte Frage an: Moment, das hab ich alles kapiert, aber diesen Punkt mußt du erläutern. Dann ist die Aufgabe klar. Es kann aber auch sein, daß der andere sich in diesem Augenblick auf sich selbst konzentriert, die Detailantwort in seinem eigenen Kopf sucht. Dann muß ich ihn in Ruhe lassen. Die Lockerung seines Augenausdrucks wird mir anzeigen, wann er seine Überlegung abgeschlossen hat.

Solange ich jemanden anschaue, nehme ich nicht nur die verbale Information meines Partners auf, sondern versuche auch, seine

Einstellung dazu herauszufinden. Denn da kann ja auch ein Widerspruch vorliegen. Er erzählt mir etwas ganz Selbstverständliches oder recht Angenehmes, aber ich sehe seinem Gesicht an, daß es ihm gar nicht gefällt. In diesem Moment wendet er wahrscheinlich den Blick ab, unterbricht den Kontakt, um sich auf sich selbst zu konzentrieren. Vielleicht will er etwas verbergen, einen schwachen Punkt nicht entdecken, zuerst die eigenen Gedanken ordnen. Er will da keine Konfrontation und unterbricht den Informationsfluß – auch von mir zu ihm. Es kommt darauf an, wie lange die Unterbrechung dauert. Ist sie kurz, und er kehrt mit den Augen zu mir zurück, so darf ich ihn nicht drängen und muß auch warten, wenn ich selbst am Wort bin. Sein zurückkehrender Blick sagt mir dann: O. K., ich bin wieder dabei und bereit zur Kommunikation.

Reißt der Blickkontakt aber für eine längere Zeitspanne ab, so ist Gefahr im Verzug – Gefahr für die Fortsetzung unseres Meinungsaustausches. Die Informationsabgabe wird einseitig, und es gibt nicht einmal einen Empfänger mehr, denn der andere hat schon die Flucht angetreten. Er kann nicht mit den Beinen davonrennen, aber er flieht uns mit den Augen. Wir kennen das von Kindern, die dies Verhalten noch ganz ungetarnt praktizieren. Wenn wir sie schimpfen, schauen sie in die Richtung, in die sie fliehen möchten, wo es sie hinzieht. Oder aus einem Hörsaal. Der Vortrag wird immer länger, und die Blicke wandern zum Fenster hinaus, die Augen gehen spazieren.

Wenn der Partner ein Auge zukneift oder damit zwinkert, signalisiert er Mißtrauen, Ungläubigkeit, halb und halb: Du verschweigst mir die Hälfte. Zwinkere ich zurück, dann bestätige ich Einverständnis: Abgemacht, den Teil sparen wir uns aus. Oder auch noch ein bißchen mehr, nämlich: Wir zwei sind uns auch über das Ungesagte einig. Dieses Signal ist ganz prononciert auch in die Gebärdensprache eingegangen. Man kneift ein Auge zu und zieht das andere mit dem Zeigefinger auf: Mich kannst du nicht bescheißen, ich weiß das besser. Das kann sehr nett gemeint sein, aber auch sehr verächtlich.

Die Augen gehen zur Seite, wenn man eine Stellungnahme umgehen will. Man holt die Information ein, vermeidet aber die Konfrontation, indem man Kopf und Augen aus der direkten Sehlinie wendet. Nur die Augen bewegen sich zwischendurch zur Informationsquelle hin – also dem Redner oder Fragesteller –, aber in dieser Haltung ist die Zuwendung nur scheinbar, eine Vortäuschung. Als Schüler perfektionieren wir diese Technik, weil sie erlaubt, benötigte Informationen scheinbar unbemerkt seitwärts einzuholen. Und wenn da nichts kommt, wandert der Blick nach oben – aber da steht keine Schrift an der Wand.

Der Blick nach oben sucht immer Hilfe oder Beistand von höherer Instanz. Das ist bei dem Prüfling so, der auf den erlösenden höheren Einfall wartet, wie bei dem Professor, der um Nachsicht und Erbarmen für so viel Torheit fleht. Man schickt die Augen gen Himmel, wenn man eine Person am liebsten vom Erdboden verschwinden sähe, und ebenso, wenn man die Vergeblichkeit eigenen Bemühens einsieht und seine Aktivität aufgibt. Doch selbst der liebe Gott ist ziemlich passiv.

Der Blick zum Boden und auf die Fußspitzen ist Leuten eigen, die aus ihren früheren Erfahrungen leben und neue scheuen. Sie denken konventionell und werden immer von sicherem Boden aus argumentieren: Was sie geleistet haben, welche Erfolge sie hatten. Neue Pläne und Vorschläge werden vorsichtig beäugt und lange mit alten verglichen, bevor sie akzeptiert werden können. Sie machen am ehesten Eindruck, wenn hinter ihnen ebenfalls solide Traditionen und umständliche Erwägungen stehen. Den Gegensatz zu diesem Typ verkörpert einer, der immer nach vorne ins Leere schaut. Er lebt entweder in der Zukunft, in einer realitätsfernen Traumwelt, oder er setzt mit hohem Wagemut und großen Plänen auf künftige Möglichkeiten. Zwischen diesen konträren Charakteren – die beide für Gedeihen und Entwicklung der sozialen Organisation und ökonomischen Anpassung unverzichtbar sind – ist der Dauerkonflikt angelegt.

Der niedergeschlagene Blick ist Demuts- und Unterwerfungszeichen; aber das wird in jedem Kulturkreis anders bewertet. Das Kennzeichen westlicher Kultur ist die Konfrontation. Wer sie nicht annimmt, rennt nach ihrem Selbstverständnis vor der Verantwortung davon, und das ist negativ. Er muß ein schlechtes Gewissen haben, sich schämen oder lügen, sonst würde er sich stellen. Demut oder Unterwerfung erhalten dadurch einen Akzent der Erniedrigung oder Selbstverleugnung.

In anderen Kulturen ist das anders, da wird zum Beispiel diese Aug-in-Auge-Konfrontation als zudringlich und aufdringlich empfunden. Unter den historischen und religiösen Bedingungen des Orients gilt es als frech und überheblich, wenn Frauen direkt den Männern in die Augen blicken, und darum tragen sie ihren Blick gesenkt. Doch wenn sie aufschauen, ist dies ein sehr starkes individuelles, intensives und emotionales Signal.

Nach den Gebräuchen afrikanischer Kulturen ist es unhöflich, einem Menschen in die Augen zu sehen, den man schätzt, ehrt und respektiert. Man schaut an ihm vorbei oder zur Seite, während man sich mit ihm unterhält. Doch das ist kein Zeichen von Unterwerfung im europäischen Sinne, sondern dort eben ein Gebot des Anstands und der Höflichkeit. Es drückt nicht aus, daß man sich schwach, verlegen oder unterlegen fühlt, sondern daß man bescheiden ist, sich zurückzieht und zurückhält. Man konfrontiert sich nicht, sondern zieht es vor, auf einer Ebene miteinander zu kommunizieren, die weniger konfliktträchtig ist.

Das gilt ebenso für die Kulturen des Fernen Ostens, die zu verstehen wir noch größere Schwierigkeiten haben. Unser Eindruck ist der einer unglaublichen Nivellierung, Gleichmacherei: Gleiche Anzüge und Aufmachung je nach Anlaß, undifferenzierbare Verhaltensweisen und Rituale. Ein großer Teil dieses Eindrucks entspringt Hochmut und Unkenntnis, denn tatsächlich sind Verhalten und Rituale ungeheuer differenziert – nur eben nach anderen Regeln und Formen als die unseren.

Die gleichen Signale können also auch in anderen Kulturen andere Werte haben, und damit beginnt die Körpersprache zur Fremdsprache zu werden. Solange es sich um Grundelemente handelt, die durch die biologische Entwicklungsgeschichte in den genetischen Code eingedrungen sind, ist die Bedeutung der Signale weitgehend identisch. Sobald sie aber durch kulturelle und gesellschaftliche Eigenarten über Jahrhunderte hin verfeinert wurden, können sie voneinander abweichende Wertungen finden, mit denen man als Fremder behutsam umgehen muß.

Durch das Schließen der Augen schließen wir uns gegen Reize

Der abwehrende Blick: Die Sache miß-fällt mir, und ich möchte sie nicht sehen.

von außen ab – das ist wieder ein allgemein gültiges Grundelement menschlicher Körpersprache! Bei Katzen und Schlangen vollzieht sogar der ganze Körper diese Regung nach: Sie rollen sich ein. Vögel stecken den Kopf unter die Flügel. Und auch viele Menschen verkriechen sich bei der Vollendung dieses Zustandes, im Schlaf, in sich selbst – sie schlagen den Arm über den Kopf, ziehen die Beine an, rollen sich zum Schutz zusammen. Auch in wachem Zustand ist es ein Zeichen von Ermüdung, Erschöpfung oder Überbeanspruchung, wenn wir die Augen schließen. Die eindringenden Reize werden zu stark, die auf uns einstürmenden Informationen sind zu umfangreich, und wir schirmen die Augen durch Herabsenken der Lider ab. Es ist ein unmißverständliches Zeichen, wenn der Partner in einem Gespräch die Augen kurz schließt und mit dem Kopf nickt: Genug Information, ich habe verstanden. Doch auch vor Wahrheiten, die uns hart treffen, und Wahrnehmungen, die wir nicht akzeptieren wollen, verschließen wir die Augen: Der Reiz ist zu stark und zu unangenehm, wir blenden uns aus. Ängstliche Leute erwecken nicht selten den Eindruck, als seien sie jederzeit bereit, »die Augen vor der Realität zu verschließen«.

Der Mund

Mit dem Mund nehmen wir Nahrung zu uns, befriedigen den Hunger, stillen den Appetit. Dafür ist der Mund mit sensiblen Geschmacksorganen wie Gaumen und Zunge ausgestattet, die uns genaue Informationen über alles geben, was wir aufnehmen. Die Reaktion darauf wird durch die Bewegung der Zunge und der Mund-Lippen-Muskulatur sichtbar. Und wir öffnen den Mund, bewegen Lippen und Zunge, wenn wir durch Sprache mit der Außenwelt in Beziehung treten. Wie eng diese Funktionen in unserer Vorstellung verbunden sind, zeigen zahlreiche Formulierungen. Halt das Maul. Mach den Mund auf. Er spuckt Sätze aus. Er spricht mit falscher Zunge. Sie ist nicht auf den Mund gefallen . . .

Bei der »Einnahme« von Information reagiert der Mund in ähnlicher Weise wie bei der Nahrungsaufnahme. Wenn ein »großer Brocken« auf uns zukommt, eine mächtige Information, öffnet sich der Mund. In Momenten des Staunens, der Überraschung, des Schreckens ist der Informationsstrom größer, als wir auf einmal aufnehmen und verarbeiten können. Der Unterkiefer fällt herunter, als könnten wir mit weit geöffnetem Mund mehr Informationen in uns einströmen lassen. Gleichzeitig werden die Augen aufgerissen: Wer denkt bei dieser Beschreibung nicht an Kinder, die ungläubig verblüfft einem Zauberer oder dem wunderbaren Kasperl zuschauen?!

Der herabhängende Unterkiefer hat zugleich eine blockierende Wirkung: Unser Denken verlangsamt sich. Man kann das an sich selbst überprüfen: Unterkiefer herab – und jetzt ganz schnell, wieviel ist 13 mal 7? Man spürt, daß man länger braucht, den Mund schließen möchte, um sich zu konzentrieren. Wer von der Welt überfordert ist und seine Realität nur mühsam verarbeiten kann, läuft nicht selten mit hängendem Unterkiefer herum. Entdeckt man diesen Ausdruck staunender Bewunderung bei einem Mitarbeiter, so sollte man ihm nicht zuviel auf einmal zumuten, denn er kann trotz guten Wollens wohl nur die Hälfte von dem aufnehmen und ausführen, was man von ihm verlangt.

Die Zunge preßt sich bei angenehmen Geschmacksreizen gegen den Gaumen, was mit einem Saugreflex verbunden ist. Das Geräusch des Schmatzens entsteht bei dem Versuch, die Geschmacksvnerven zu stimulieren. Und die Zunge schiebt andererseits im Mund hin und her oder hinaus, was uns nicht schmeckt. Analog reagiert sie auch auf Sekundärreize – Argumente, Gedanken, Empfindungen.

Ich mag das nicht: Die Zunge schiebt diesen Eindruck weg.

Die Bemerkung hinterläßt offensichtlich einen schalen Eindruck: Die Zunge wischt sie von den Lippen.

Das Herausstrecken der Zunge wird zu Recht als Abweisung und beleidigende Absicht verstanden. Der, die oder das schmeckt und paßt uns gar nicht, wir wollen es loshaben. Dagegen leckt man sich mit der Zungenspitze die Lippen, wenn etwas gut schmeckt und man genießt – als wolle die Zunge noch die letzten Krümel dieses Genußes einsammeln. Auch damit hängt zusammen, daß die langsame Bewegung der Zunge über die Lippen als erotisches Signal aufgenommen wird, das sexuelle Aktivität suggerieren und stimulieren soll. Dabei feuchtet man auch die Lippen an, verstärkt ihren Glanz und ihre Sensibilität. Wenn ich überlege, Gedankenstücke aus meinem Gedächtnis hervorkrame, gräbt die Zunge oft nach Resten zwischen den Zähnen. Und wenn ich mir auf die Zunge beiße, bestrafe oder warne ich mich: Diese Bemerkung solltest du nicht herauslassen! Der Mann verbeißt sich eine Bemerkung oder lieber auf die Zunge, als daß er etwas sagt.

Das Öffnen der Lippen ist die erste Bewegung, mit der wir die Möglichkeit eröffnen, etwas in den Mund zu nehmen, zu uns zu nehmen. Schmeckt es uns, so ziehen sich die Mundwinkel hinauf zu

einer Schalenform, damit auch alles in der Schale des Mundes bleibt und nichts verlorengeht: Der »Süßegeschmack-Ausdruck«.

Schmeckt es uns nicht, so ziehen sich die Mundwinkel hinab, damit das Aufgenommene hinunter- und hinausrinnen kann: Der »Bittergeschmack-Ausdruck«.

Kommt es uns ganz besonders sauer auf, so ziehen sich Mundwinkel und Kopf in einer gleichzeitigen Fluchtbewegung zurück: Der »Säuregeschmack-Ausdruck«.

Weinen und Schreien erinnern durch die verzerrten Muskeln an Fluchtreaktion, die herabgezogenen Mundwinkel und der weit geöffnete Mund an die Aufnahmeverweigerung; oft ist das noch mit dem abweisenden Drohsignal des Zähnezeigens gepaart.

Zusammengepreßte Lippen sagen eindeutig: Ich will das nicht annehmen oder nicht sagen. Daran ist gleich zu erkennen, daß vom Gesprächspartner harte Kritik oder Ablehnung zu erwarten ist. Der verkniffene Mund ist Kennzeichen von Leuten, die stur und eigensinnig voller Mißtrauen stecken. Es ist schwer, mit ihnen ins Gespräch zu kommen, und sehr leicht werden sie für kalt und gefühlsarm

Das war ein erfreuliches Kompliment: Die Zunge sammelt noch die letzten Reste ein.

Rechte Seite
Eine genußvolle Sache: Die weich zuge-
spitzten Lippen und die sensible Berüh-
rung von Daumen und Fingern spüren
einem angenehmen Eindruck nach.

Man beißt sich strafend auf die Lippen,
weil man eine Erwartung nicht erfüllen
kann.

Die Mundwinkel ziehen sich mißfallend
herab, weil man etwas nicht weiß.

Mund und Lippen pressen sich zusam-
men: Das mag und will ich nicht an-
nehmen.

gehalten. Ein Vorurteil, unter dem ganz unverdient auch Menschen mit schmalen Lippen zu leiden haben.

Die Lippen wölben sich spitz nach vorne, doch der Mund bleibt geschlossen in einem Moment, in dem man sich nicht entscheiden kann, jetzt ja oder nein zu sagen. Öffnet sich der gespitzte Mund, so handelt es sich um eine Kuß-Koketterie oder einen Pfeifenraucher.

Seelische Dauerzustände prägen mit der Zeit auch den Mundausdruck. Ein verbitterter, sauertöpfischer Mensch ist unschwer an seinen herabgezogenen Mundwinkeln zu erkennen, und ein fröhlicher Mensch, der das Leben wie ein Feinschmecker genießt, verleiht seinem ganzen Gesicht durch die gehobenen Mundwinkel einen strahlenden Glanz – er lächelt einfach.

Ein ehrliches Lächeln entsteht aus dem Zusammenspiel der Augen- und Mundmuskulatur, die auch ein paralleles Nervensystem haben. Im Anblick des positiven Reizes erweitern sich die Augen leicht, scheinen zu glänzen, während der rezeptive Mund in freudiger Erwartung den Süßegeschmack-Ausdruck annimmt. Dieses Signal entwickelt sich schon im frühesten Lebensalter, in dem die Verknüpfung zwischen angenehmer Nahrungserwartung und dem Anblick der Mutter besonders sinnfällig ist.

Wegen seines positiven Signalwertes wurde das Lächeln zum demonstrativen Bestandteil des Begrüßungs- und Begegnungsrituals. Wenn man dabei gleichzeitig die Zähne entblößt – ein breites Lächeln –, so könnte ein Überlegenheitsmoment im Spiele sein: Ich kann dich beißen, aber ich benutze meine Zähne nicht, weil du in mir angenehme Gefühle weckst. In Kombination mit anderen Gefühls- und Gesichtsbewegungen kann dieses Lächeln sehr schnell »unehrlich«, unaufrichtig werden – ein verbittertes, zynisches, gewolltes Lächeln, das böse Absichten verbirgt. Die Augen lächeln nicht mit, sie bleiben kalt, streng oder glitzern irritierend.

Die Zähne haben die Aufgabe, was wir zu uns nehmen wollen zu zerbeißen und zu zerkleinern, damit wir es schlucken, uns einverleiben und verdauen können. Das ist eine notwendige und positive Aggression und Zerstörungsarbeit, ohne die wir diese Dinge nicht verwerten und zum Bestandteil unserer selbst machen könnten. Ein unzerkaut hinuntergewürgter Brotbrocken ist für den Körper kein Nahrungsmittel, sondern ein Fremdkörper, den der Magen nicht verarbeiten kann, mit Bauchgrimmen beantwortet und unter Schmerzen wieder abstößt: Man übergibt sich. Geistige Nahrung erfordert den gleichen Bearbeitungsprozeß. Man muß sie sich mundgerecht zurechtlegen, stückweise abbeißen und aufnehmen und immer wieder zerkleinern, damit wir sie verdauen und unserem System integrieren. Informationen, Konfrontationen, Emotionen – wie sie von außen auf uns zukommen.

Herzliche Freude und die Sicherheit der Zugehörigkeit spiegelt diese vertrauensvolle Umarmung.

Jemand, der beißen kann, Biß hat, ist auch einer, der harte Konfrontationen nicht scheut und harte Brocken nicht unzerkaut schluckt oder unverdaut von sich gibt. Er stellt sich den Aufgaben und macht sie sich zu eigen. Leute, die ihre Kauwerkzeuge ungern benutzen und leicht verdauliche Kost, Süßwaren und vorgekaute Argumente an der Futterkrippe bevorzugen, wohlfeil angepriesene Flüssignahrung, sind wohl als ziemlich bequem und denkfaul anzusehen und strengen sich nicht gerne an. Sie erwarten Service und sind leicht zu beeinflussen – durch harten Druck oder sanfte Verführung.

Essensgewohnheiten geben uns viele Aufschlüsse über die Eigenarten der Menschen. Schnellesser kosten ihre Speise nicht, sie schlucken sie auch rasch und unzerkaut hinunter und können sie kaum verdauen. Mit Informationen gehen sie kaum anders um. Sie raffen sie auf, schlingen sie hinein und geben sie unverarbeitet wieder

Sie und er: Ein lockeres Lachen

Sie und er: Ein kokettes Lächeln

von sich in Form von Slogans und Parolen, Wiederholungen und altbekannten Behauptungen. Eigenes können sie selten hinzufügen, spucken unverdautes Zeug daher, lückenhaft, zusammenhanglos, denn die Dinge fügen sich nicht aneinander. Wie das Ferment des Speichels fehlt die auflösende und von neuem bindende Wirkung des eigenen Nachdenkens.

Andere vollziehen während des Essens eine chirurgische Großtat. Sie sezieren genießerisch und aufwendig jeden Brocken auf dem Teller, bis sie die schönsten Stücke ausgelöst haben und zum Munde führen; genauso wählerisch verhalten sie sich im Leben. Andere nörgeln dauernd an ihrem Operationsobjekt herum: das Essen ist zu heiß oder zu kalt, zu fad oder versalzen, zu wenig oder zu viel. Auch im Leben mäkeln sie an allem und jedem herum und maßen sich Urteile über jeden und alles an – dabei sind sie völlig unfähig, überhaupt irgend etwas intensiv zu genießen oder zu erleben. Man kann solchen Personen nur raten, langsam zu essen, gut zu kauen, Pausen einzulegen, genießen zu lernen. Aber sie werden es kaum tun, denn sie sind von sich so überzeugt oder so unsicher, daß sie diese Manier brauchen.

Wirklich – Beobachtungen beim Essen eignen sich hervorragend zu Verhaltensstudien. Da ist einer, der Fleisch- und Gemüseteile stückweise mit den Zähnen von der Gabel wegreißt – ein Aufreißer, der zur Zusammenarbeit unfähig ist und die Sachen an sich reißt. Dort schlingt einer ein zu heißes Mahl hinunter – er kann und will Nuancen gar nicht wahrnehmen, nur weg mit der Geschichte. Hier übertüncht einer jede Speise mit viel Maggi, Salz und Pfeffer – jeder Eindruck soll sich seinem Geschmacksklischee anpassen.

Was wir zu uns nehmen, soll uns auch gefallen, schmecken, weil wir es zum integrierten Teil unseres Selbst machen wollen. Wir identifizieren es auch als Gabe mit dem, der uns gefällt: Liebe geht durch den Magen. Aber von einer geliebten Person nehmen wir auch ein Essen an, das weniger wohlgefällig ist. Doch sonst nehmen wir kaum zu uns, was nicht gefällt, nicht schmeckt. Es weckt Widerstand, stößt uns ab, Ekelgefühle, Übelkeit – und unser Organismus stößt es von sich, spuckt es heraus.

Auf immaterielle Reize reagieren wir kaum anders. Äußerungen und Handlungen, die wir nicht akzeptieren wollen, Angriffe und Beleidigungen, die wir nicht erwidern können, Situationen und Angstzustände, mit denen wir nicht fertig werden, verursachen in uns Unwohlsein, Übelkeit, Brechreiz. Im Zustand hoher Erregung spukken wir die Sätze heraus, stoßen sie hervor. Wir haben daran schwer zu schlucken, und manchmal ist uns, als drehe sich der Magen um. Wir übergeben uns, machen vor Angst in die Hosen und damit verschaffen wir uns wenigstens körperliche Entspannung. Der seelische und moralische Streß klingt nur langsam ab; doch jede körperliche Ausscheidung verschafft Entspannung.

Man spuckt vor jemanden aus, um ihn zurückzustoßen, ihm seine Ekelhaftigkeit und unsere Verachtung zu zeigen. Und man verweigert das Essen, um Ablehnung zu demonstrieren. Kinder machen das so, Ehemänner auch. Ebenso reagieren wir auf Enttäuschungen oder Liebeskummer durch unsere Eßgewohnheiten. Es verschlägt uns den Appetit: Wir wollen die Realität nicht wahrhaben. Oder wir entschädigen uns durch übermäßiges Fressen für den erlittenen Kummer. Oder noch komplizierter: Wir fressen aus Kummer und Wut, was Spaß macht, und werden dick, um den anderen damit ostentativ zu bestrafen – Rache ist süß. Wie gesagt: Wie man ißt, zeigt, wie man ist.

Zusammengebissene Zähne ergeben schlicht einen verbissenen Ausdruck. Es ist die Haltung des Nicht-Nehmen-, Nicht-Geben- und Nicht-Nachgeben-Wollens. Man verbeißt sich in eine Sache und hält sie mit stiller Wut zwischen den Zähnen fest, rückt sie auch dann nicht heraus, wenn man selbst damit gar nichts Rechtes anfangen kann – wie ein Hund den Stock zwischen seinen Zähnen. Wenn man einen Menschen in dieser Verfassung bei der Arbeit antrifft – es kann die Hausfrau beim Bügeln sein oder der Haushaltsvorstand bei der Steuererklärung – und zu einem Spaziergang auffordert, wird er wahrscheinlich mit unverkennbarem Vorwurf antworten: Unmöglich, das kannst nur du dir leisten, ich muß bei der Sache bleiben. Er wirft dem anderen seine eigene Verbissenheit und Verbohrtheit vor.

Die Nase, das Riechorgan, ist nicht gerade ein sehr bewegliches Körperinstrument, aber gerade darum zu einigen auffallenden Signalen fähig. Die Nasenflügel werden in Tonus gebracht und beginnen zu vibrieren, sobald wir einen aufregenden Geruch aufnehmen, und schließlich reagieren sie so in jedem Erregungszustand. Sehr sinnenstarke Menschen – der Typ, dem man auch scherzhalber »tierische Instinkte« nachsagt – blähen ganz bewußt die Nasenflügel, um mehr sinnliche Informationen zu empfangen – oder auch ihre Sinnlichkeit zu signalisieren. Durch die Erweiterung der Nasenflügel öffnen sich die sensiblen Geruchszellen besser, und darum prüfen wir mit dieser Bewegung, was wir zu uns nehmen, und wenn jemand intensiv nachdenkt, einen Gedanken prüft, ist das nicht selten von einem Zucken der Nasenflügel begleitet. Bei schlechtem Geruch rümpfen wir die Nase und zeigen analog, daß uns eine Sache stinkt.

Die Hände

Die Hände sind das sensibelste Werkzeug und die ausdrucksstärksten Glieder des Menschen. Die Verfeinerung ihrer Fähigkeiten beschreibt parallel zur Entwicklung des Gehirns die biologische Geschichte, die zum Homo sapiens führte. Was das menschliche Hirn sich ausdachte und vorstellte, mußten sie in die Tat umsetzen und realisieren; was sie erfuhren und vermochten, eröffnete dem Hirn neue Möglichkeiten zur Gestaltung des Lebens. Die Struktur des Vorderfußes veränderte sich so, daß eine Zehe aus der parallelen Stellung zu den anderen in eine konfrontierende wanderte: Der Mensch war fähig, zwischen Daumen und Zeigefinger etwas zu halten, zu greifen, und die Beweglichkeit und Empfindsamkeit dieser Endglieder erhöhte sich immer weiter, bis sie zu einem so unglaublich sensiblen Tastinstrument wie mobilen Werkzeug wurden, daß Wissenschaft und Technik bis heute kein vergleichbares Universalinstrument nachbauen konnten.

An den Fingerkuppen eines Kindes sind auf einem Quadratzentimeter etwa 6000 Nervenenden konzentriert, und beim erwachsenen Menschen sind es immer noch 3000 bis 4000. Mit diesen phantastischen Hautfühlern kann man zwischen Daumen und Zeigefinger noch ein Haar oder ein Staubpartikel und Stärkeunterschiede von Millimeterbruchteilen spüren. Finger- und Handflächen teilen exakt die Struktur einer Oberfläche mit, und es ist für uns selbstverständlich, daß wir damit ohne Hinsehen nicht nur ein Fell von einer Bürste, sondern auch Samt von Seide, Kunststoff von Naturfaser unterscheiden können.

Früher, als wir die Leistungsmöglichkeiten und Beanspruchung unseres Körpers noch nicht so durch Maschinen und Apparate entlastet hatten, konnten Marktfrauen, Bauern oder Handwerker Gewichte auf 10 oder 20 Gramm genau durch Wägen in der Hand bestimmen. Und die gleiche Hand, die beim Führen eines Schmiedehammers am Widerstand des Eisens die Veränderung seiner Härte spürt und dem Hirn meldet, worauf die andere mit dem Blasebalg die Esse nährt und die Glut erhöht, damit das Eisen weich und geschmeidig bleibt – diese Hand kann auf den Tasten eines Klaviers oder den Saiten einer Geige in einer Sekunde auch zwölf aufeinander folgende Töne anschlagen und diese Abfolge nach Dynamik, Rhythmus und Gefühl akzentuieren! Außerdem ist diese Hand nicht ein Instrument, dem wir seine Gegen-stände zuführen müssen. Durch die Gelenke der Finger, der Hand, des Armes und seine Länge können wir jede Bewegungsrichtung im Raum erreichen und ausführen – gerade Strecken, weiche Linien, ausholende Kurven, wellenförmig, um die Ecke, können greifen, tasten, halten, streicheln, stoßen, schieben, drehen, schlagen, hacken . . .

Wir greifen nach der Welt, um sie uns begreiflich zu machen. Erst die Berührung mit ihr vergewissert uns, daß sie so ist, wie wir sie uns vorstellen. Oder anders. Dann zwingt uns die Berührung – und

Der Blick ist konzentriert, und die Hand hält eine Äußerung zurück, bis die Information verarbeitet ist.

Die zusammengezogenen Augenbrauen verraten innere Konzentration, und die Hand verschließt den Mund während der Überlegung: Soll sie etwas sagen oder nicht?

Im Moment des Nachdenkens hält die Hand die Worte zurück.

bei diesem Wort assoziiert jeder eine Bewegung seiner Hand –, unsere Vorstellung zu korrigieren.

Die Bedeutung der Hand liegt nicht allein in ihrer präzisen Handlungs- und Wahrnehmungsfähigkeit, sondern in der Wechselbeziehung zwischen Hand und Gehirn. Wie groß sie ist, zeigen die Kapazität und die Größe des Abschnitts, die in der Anatomie unseres Verstandes, der Hirnrinde, ausschließlich der Hand gewidmet sind. Allein Daumen und Zeigefinger beanspruchen, jeder für sich, mehr als das Zehnfache des Hirnrindenanteils, der für den Fuß zuständig ist, und mehr als der Kopf mit all seinen Sinnesorganen.

Die Differenziertheit der Hirnfelder ermöglicht das kontinuierliche Wechselspiel zwischen Empfindung und Erkennen einerseits, Reagieren und Handeln anderseits. »Handeln« – in der Wort- und Sprachbildung schon hat diese Wechselbeziehung zwischen Kopf und Hand fundamentalen Charakter: Begreifen und Ergriffensein, fassen und halten, Inhalt und Verfassung... Viele grundlegende abstrakte Begriffe zeigen bei genauem Hinschauen noch diesen konkreten Zusammenhang.

Die Hand ist eines der wichtigsten Instrumente aktiver Kommunikation zwischen uns und der Außenwelt. Wir nehmen etwas mit den Augen wahr – das gibt uns ein Bild und wir machen uns eine ungefähre Vorstellung. Das perspektivische Sehen erlaubt uns eine Schätzung von Größe und Entfernung. Doch genauere Informationen und reale Größenverhältnisse erhalten wir erst, wenn die Dinge in unserer Reichweite sind, wir sie berühren können. Durch die Hände stellen wir den Kontakt zu ihnen her. Wir nehmen und geben mit vollen Händen und Armen. Wenn wir diese Beziehung unterbrechen wollen, ziehen wir unsere Hände zurück. Mit den Händen weisen wir auf etwas hin, wir können mit ihnen beschreiben und unsere Gefühle zum Ausdruck bringen. Angesichts dieser Fülle von Funktionen und Verständigungsmöglichkeiten unserer Hände wird klar, welche Zwangsjacke eine Erziehung dem Menschen anlegt, die Verarmung der Bewegung, ein gemessenes Benehmen, Zurück-haltung zum Ziele hat. Sie unterdrückt die Sprache seiner Hände und nimmt ihm damit eines seiner wichtigsten Mittel, die Welt zu begreifen. Wer sich nicht mit den Händen ausdrücken und mit ihnen den anderen erfahren kann, entbehrt eines der wichtigsten Verständigungsmittel und beschränkt seinen eigenen Gefühlsreichtum.

Die Arme entfernen sich vom Körper, wenn wir etwas anfassen oder ergreifen, etwas an uns nehmen oder von uns geben wollen. Mit dieser Bewegung öffnen wir den Körper und nehmen ihm den flankierenden Schutz von Armen und Händen. Wir brauchen also das Vertrauen und die Sicherheit, daß uns während einer solchen Handlung nichts zustoßen kann, sonst entfernen wir die Arme nicht weit vom Körper und belassen ihm seine Deckungsmöglichkeit. Ihre Ver-

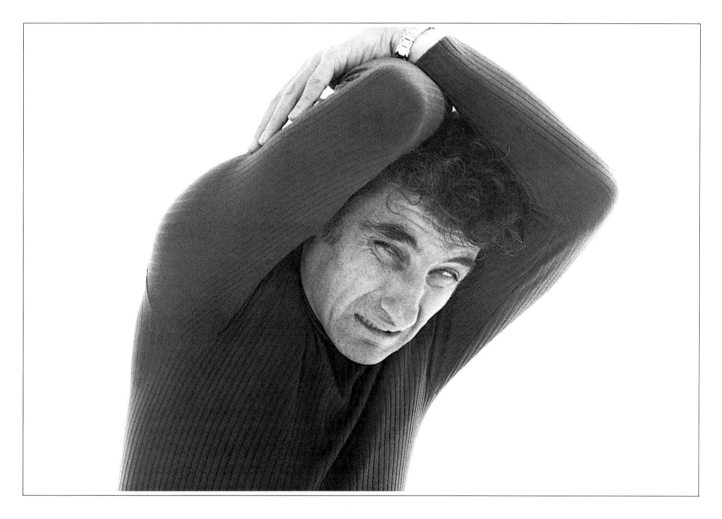

Im Augenblick der Gefahr schützen Arme und Hände Kopf und Nacken.

teidigungsfunktion können die Arme auf zweierlei Art wirkungsvoll wahrnehmen.

Beim aktiven Schutz wird die Hand durch Ballung zur Angriffswaffe und erreicht über den Hebel des Armes den Gegner; sie mag auch packen oder auf andere Art schlagen. Ihre Kraft wird verstärkt durch die Atmungsweise und die Anspannung der Rücken-Brust-Muskulatur. Mit ausgestreckten Armen kann ein Angriff abgewiesen oder eine Zudringlichkeit blockiert werden – Druck wird ausgeübt. Oder wir werfen mit einem Schwung der Arme etwas von uns weg, zu einem Ziel.

Bei defensivem Schutz versuchen die Arme den Körper zu decken und bleiben ihm nahe: über die Brust gekreuzte oder den Kopf geschlagene Hände und Arme. Diese Schutzbewegung wird oft von hochgezogenen Schultern begleitet.

Die Ellbogen bieten sich durch ihre kantige Gestalt und Härte als Verteidigungswaffen an und symbolisieren Abwehr. An Kindern – aber auch schimpfenden Erwachsenen, die sie verscheuchen – sieht man häufig diese Position: breitbeiniges Stehen, die Arme auf die

Hüften gestützt und Ellbogen drohend nach außen. Besitzbehauptung und Seitenschutz. Auch im Gespräch zieht man so den Ellbogen hoch, wenn man von bestimmter Seite einen Angriff erwartet.

Lehnt sich einer während der Unterhaltung zurück, verschränkt die Hände hinter dem Kopf, und die Ellbogen zeigen nach links und rechts außen, so ist das ein recht definitives Signal. Er hat alles gesagt, und die Sache ist für ihn gelaufen – nun schützt er seine Position durch die Ellbogen. In dem legeren Ausdruck – der Körper ist ja breit und ungeschützt geöffnet – steckt freilich auch eine Portion Überheblichkeit: Ich hab's schon, aber ihr werdet sicher noch eine Zeit brauchen, bis ihr drauf kommt – und meine Position ist sowieso unanfechtbar.

Der eigentliche Ellen-Bogen entsteht durch Aufstützen der Hände als Vorbereitung zum Aufstehen; auch bei Schwäche und Erschöpfung stützen wir die Hüfte durch den Ellbogen. In beiden Fällen handelt es sich dabei um Schutz in einer Situation, in der wir besonders anfällig und angreifbar sind. Vielleicht gilt das auch für Pin-up-girls, die durch Aufstützen der Hand auf die Hüfte die Brust heben und dabei den Ellbogen nach hinten richten – zur Rückendeckung.

Die Bewegung der Oberarme verdient unsere besondere Aufmerksamkeit. Die aktive Gefühlsenergie, die unsere Brust durchströmt, mobilisiert eine motorische Energie, welche sich in die Bewegung der Oberarme umsetzt. Offene Gefühlsmenschen bewegen den Oberarm frei vom Körper und drücken damit ihr selbstverständliches Vertrauen, ihre Bereitschaft zu Mitteilung und kommunikativem Austausch aus: Ich gebe – weit offene Geste, du gibst – weites Einholen mit der Hand. In südlichen Regionen – Frankreich, Italien, Griechenland – sprechen die Leute mit weit geöffneten Armen. In den nördlichen, aber besonders in den Industrieländern Mitteleuropas und auf den Britischen Inseln, hält man die Oberarme dicht am Körper und bewegt sie nur sehr spärlich. Da gibt es feine Familien und vornehme Internate, in denen man den Kindern und Zöglingen beim Essen Bücher unter die Arme klemmt, damit sie gesittetes und geziertes Benehmen lernen. Man darf die Oberarme nicht vom Körper nehmen, das geziemt sich nicht. Man hat sich diszipliniert zu geben – und damit gibt man gar nichts; man hemmt seine Bewegungen – und damit unterdrückt man seine Gefühle. Eine solche Erziehung blockiert den Menschen und zwingt ihn in das Korsett von Vorschriften. Er wird zum regelgerechten Produkt gesellschaftlicher Zwänge. Emotionen sind verpönt.

In der freien Bewegung schlagen, ziehen, beschreiben wir um uns herum einen weiten Kreis der Beziehungen. Mit fixierten Oberarmen können wir höchstens noch die Bewegungen von Marionetten beschreiben: Ein bißchen nach vorne, mehr in Stoßrichtung als in

Reichweite, ein wenig nach rechts und links, mehr abweisend als zugreifend. Kein weiter Kreis – ein reduziertes Rechteck, Scheuklappen, verkürzter Blickwinkel. Und daran gewöhnt man sich – hat Angst, Aufmerksamkeit zu erregen und Gefühle zu zeigen, schreckt zurück vor großem Aufwand an Bewegung und Gefühlen, hält Menschen für verrückt und übertrieben, die diese Scheu und Zurückhaltung nicht besitzen, sich keine Klappen und Fesseln anlegen ließen.

Nehmen wir an, ein solcher Mensch sei das Produkt der guten englischen Erziehung von Eton oder Harrow. Und nun – das entspricht einer Familientradition – wird er als Zweitgeborener Politiker – konservativ natürlich. Da muß er Leute überzeugen, ziemlich viele, ziemlich unbekannte, und Wahlreden halten, Eindruck machen. Doch wenn er nicht gerade rhetorisches Charisma besitzt, was schon seit Demosthenes ziemlich selten ist, gelingt das mit geschlossenen Armen nicht – er kommt nicht rüber, er kommt nicht an. Er muß die Arme öffnen, er muß große Gebärden machen, um sie alle zu umarmen und an sich zu ziehen. Dafür nimmt er dann an einem Kurs für Körpersprache, für nonverbale Vermittlung teil. Doch dafür genügt es nicht, ein paar Tricks zu erlernen. Darauf muß man sich schon ganz einlassen, und das verlangt Selbstüberwindung, Prüfung und Erkenntnis des eigenen Verhaltens und seiner Begrenzungen wie deren Ursachen. Dieser Mann tut es aus professionellen Gründen, der Karriere wegen, und muß dann ein freies, offenes Verhalten sich anzueignen versuchen, das seiner ganzen Erziehung zuwider läuft. Anderen Völkern ist die Bedeutung und Gestaltungskraft der Körpersprache sehr viel selbstverständlicher; aber es ist wohl nicht gerade die Regel, daß man schon Kinder auf irgendeinen Traumberuf hin erzieht. Es gibt die Geschichte von der jüdischen Mutter, die bei einem Spaziergang mit ihren beiden Kindern nach deren Alter gefragt wird. Sie antwortet: Der Doktor ist fünf und der Rechtsanwalt sieben.

In allen Kulturkreisen, wo der Oberarm dem Körper angeheftet bleibt, müssen Unterarm und Handgelenk den Bewegungsausdruck übernehmen – da spielt sich nicht viel ab. Die starre Haltung der Oberarme erzwingt eine Erlebnishemmung und reduziert den Beziehungswechsel mit der Umgebung. Auch hier können wir übrigens individuelle Nuancen nach Links-Rechts-Prioritäten feststellen. Wer den linken Oberarm anpreßt, ist besonders sparsam in der Äußerung und dem Austausch von Gefühlen, kontaktarm und – dies kompensierend – nicht selten zynisch. Der fixierte rechte Oberarm deutet auf Entscheidungsprobleme bei konkretem und sachbezogenem Handeln.

Nur durch eine Bewegung der Arme können die Hände Kontakte aufnehmen. Passiv oder gar »wie gelähmt« an der Körperseite herabhängende Arme und Hände zeigen darum an, daß jemand nicht handeln und nicht kommunizieren will, vielleicht auch sich wie

Ich weiß nicht, wie man die Sache in den Griff bekommt!

Eine höfliche Ablehnung: Die offene Hand und der frei dargebotene Halsflügel sind Vertrauenssignale.

Ich mache Ihnen ein offenes Angebot!

Eine barsche Ablehnung: Die Hand hackt dominant von oben nach unten, Kopf und Oberkörper weichen abwehrend aus.

gelähmt fühlt. Resignation und starke Enttäuschung kommen ebenfalls durch Herabfallen der Hände zum Ausdruck. Öffnen sich die Hände, so leiten sie eine Aktivität ein. Daran können wir also am Partner erkennen, ob er in einer passiven Phase steckt oder zu handeln bereit ist.

Die Verschränkung der Arme vor der Brust haben wir zunächst einmal den defensiven Ausdrucksformen zugeordnet. Doch dabei müssen wir auch die anderen Signale beobachten. Ziehen sich gleichzeitig die Schultern hinauf und das Kinn hinunter, so kauert der Körper in sich zusammen, und dies ist gewiß eine Verteidigungshaltung. Fehlen diese Begleitumstände aber, und es verschränken sich nur die Arme vor der Brust, so handelt es sich eher um ein Sperren von Aktivität. Denn von der Brust, sagten wir, gehen die Aktivitätsströme aus und setzen die Arme in Gang. Ein sehr aktiver Mensch, der zu handeln gewohnt ist und jetzt eine Aufgabe weitergibt, muß in diesem Moment den eigenen Tatendrang abbremsen. Er verschränkt die Arme und sagt mit dieser Geste: Jetzt bist du an der Reihe. Solange uns dabei Hals und Kopf locker und aufmerksam zugewandt bleiben, sperrt sich diese Person nicht uns gegenüber, sondern lediglich die eigene Aktivität. Die gleiche Position nehmen auch Zuhörer gerne ein, und das ist ein sehr positives Zeichen. Sie nehmen mit Kopf und Sinnen auf und erhöhen ihre Konzentrationsfähigkeit, indem sie ihre Aktivität sperren. Wenn sie nun selbst Stellung beziehen wollen oder sollen, so werden sich die verschränkten Arme sicher auseinander lösen. Geschieht das nicht, so muß man sie durch einen entsprechenden Reiz dazu motivieren, denn nur dann sind sie zu eigenem Handeln bereit.

Nach rückwärts gezogene Arme deuten auch einen Rückzug von eigenem Handeln an. Werden sie länger oder dauernd am Rücken gehalten, so deutet das dem Gegenüber ein passives Gewährenlassen an oder, mehr noch, den Wunsch, selber nichts zu tun. Damit wird eine intellektuelle Aktivität jedoch keineswegs ausgeschlossen. Vielleicht ist dieser Mensch jetzt nur in seine Gedanken versunken und überlegt, was zu tun sei. Möglich auch, daß diese Person zu allem etwas zu sagen hat und uns gleich mit Ratschlägen überschütten wird; dann wird sie aber selbst keinen Finger rühren, um etwas zur Realisierung beizutragen. Es gibt manchen Chef von dieser Art, denn es ist die typische Haltung von Befehlsgebern.

Nur eine kleine Bewegung mehr macht diese Eigenart vollends eindeutig: Man fesselt – hinter dem Rücken oder vor dem Bauch – die eine Hand mit der anderen durch einen festen Griff um die Handknöchel. So steht oder sitzt jemand da, der anderen gemächlich bei der Arbeit oder neugierig einem Unfall zuschaut, ohne die leiseste Absicht, sich selbst einzuschalten und etwas zu unternehmen, und so tut, als ginge ihn das nichts an.

Ruckartig nach oben gezogene Arme werden fast immer von einem Spreizen der Finger begleitet: Man schreckt zurück und will etwas nicht anrühren, fallen lassen, von sich weisen, weil der Reiz gar zu scharf ist. Da handelt es sich im wörtlichen wie im übertragenen Sinne um ein zu heißes Eisen oder eine ekelhafte Sache.

Mit den Armen vergrößern wir die Gesten unserer Hände. Doch es gilt in unserem Kulturkreis als wenig schicklich und in manchen Gesellschaftskreisen sogar als unhöflich, mit den Händen zu sprechen. Wir tun es trotzdem. Ein norddeutscher Seminarteilnehmer versicherte mir einmal vollkommen überzeugt, er rede überhaupt nicht mit den Händen. Der Videorecorder bewies umgehend, daß es während seiner Beiträge keine 15 Sekunden gab, in denen er nicht die Hand bewegt oder die Finger rührte; seine Oberarme allerdings hielt er sehr steif angelegt. Ein Mensch, der seine Hände lahmlegt, ist eine sehr eintönige Erscheinung, denn es ist gänzlich unmöglich, irgendeine engagierte Information von sich zu geben, ohne daß die Hände in irgendeiner Weise mitspielen. Dabei kennen wir zwei Grundhaltungen: Die offene Hand und die zudeckende Hand.

Die offene Hand zeigt uns ihre Innenfläche. Sie ist mindestens doppelt so sensibel wie der Handrücken: Wer die sensible Seite der Hand offen zeigt, schenkt Vertrauen und die Bereitschaft, friedlich und wohlgesonnen zu handeln, denn er verdeckt oder versteckt seine Empfindsamkeit und Empfindungen nicht. Es ist die Geste des freien Gebens und Nehmens, die auch in der Ikonographie der Heiligenbilder, in den Motiven des Segnens, der Fürbitte und der Darreichung wiederkehrt. Wer ein Geschenk, einen Brief oder irgendeinen Gegenstand mit parallel oder zur Schale geöffneter Hand reicht, wirkt angenehm, weckt Vertrauen und begegnet gelösten Reaktionen. Auch wenn man Argumente im Gespräch mit offener Hand darstellt, signalisiert das die Bereitschaft, seinerseits Gegenargumente anzunehmen und hebt eine Konfrontationsabsicht auf. Wer ein Argument, einen Vorschlag, einen Eindruck oder eine Einladung mit offener Hand anbietet, lädt immer zum Austausch ein und läßt dem anderen die freie Entscheidung offen. Die offene Hand signalisiert Achtung vor dem anderen und das Angebot einer ausgeglichenen Wechselbeziehung. Wenn die Fakten offen zutage liegen, sagt man ebenso: Es liegt auf der Hand. Da wird nichts verborgen.

Die zudeckende Hand kehrt die sensible Innenseite nach unten und wendet den Handrücken nach oben oder gegen die andere Person, deckt die empfindsame Seite gegenüber der Außenwelt ab. Hände, die während eines Gespräches dauernd mit dem Handrücken zum Partner gerichtet sind, schirmen entweder aus Unsicherheit die Gefühle ab, oder sie versuchen etwas zu verbergen. Menschen mit dieser Angewohnheit sind schwierige Verhandlungspartner. Sie halten mit ihren Absichten hinter dem Berg und sind kaum zu Entgegenkommen bereit. Nicht selten setzen sie sich prinzipielle Grenzen – so, wie ihre Hand zwischen den Argumenten und zum Gegenüber eine Mauer baut. Auch Hände, die auf dem Tisch liegen, auf den Sessellehnen oder Schenkeln signalisieren die gleiche Verdeckungstendenz – noch intensiver, wenn sie unter dem Tisch gehalten werden.

Die von oben nach unten gerichtete Bewegung mit verdeckter Hand unterdrückt eine imaginäre Gegenbewegung, sie beschwichtigt ein Gegengewicht, erschwert ein Gegenargument. Diese Bewegung von oben nach unten ist eine Dominanzbewegung, und das wollen wir ein wenig genauer betrachten.

Da steht jemand am Rednerpult und drückt mit den Händen den Beifall oder die Mißfallenskundgebungen nach unten: Er will die Menge beruhigen, beschwichtigen – doch nur, um sie desto wirkungsvoller zu dominieren. Wendet er nun die Handteller in der gleichen Gebärde nach oben, so ist das keineswegs eine offene Geste, sondern eine suggestive, die seinen Behauptungen Nachdruck verleihen, Zustimmung und lauten Beifall hervorrufen soll.

Mißtrauen: Die Hände bauen eine Mauer, um die Handlung zu verdecken.

Darin steckt zwar das Signal: Ich trage euch auf Händen – aber mit der Suggestion: Hebt mich auf eure Hände!

Oder denken wir an einen Chef, der seine Sekretärin oder einen Mitarbeiter mit gestrecktem Zeigefinger oder spitzen Fingern, den Handrücken zum Gegenüber, auf einen Tippfehler, eine übersehene Aktennotiz oder einen unbefriedigend erledigten Vorgang aufmerksam macht. Diese nachdrückliche Geste schließt jeden Einwand und jede Verteidigung aus: Der Mann beansprucht einfach seine dominante Position. Es fehlt nur noch, daß er auf ein mutiges Gegenargument mit einer Kehrbewegung in der Luft antwortet, Handrücken gegen den Mitarbeiter, und es damit verächtlich von sich schiebt, wegputzt: Das ist eine herrische Beleidigung.

Wir merken es meist sehr genau, wenn uns jemand »von oben herab« behandelt, auch wenn wir es kaum bewußt mit den Signalen in Verbindung bringen, die uns diese Haltung klarmachen. Da reicht uns einer die Hand in einer gravitätischen Bogenbewegung von oben herab mit dem Handrücken zu uns, als sollten wir ihn küssen – ein eingebildeter Kerl. Tatsächlich imitiert er damit nur die Gebärde, mit

Druck erzeugt Gegendruck: Auf den dominant gereckten Zeigefinger antwortet die Gegenbewegung des Handrückens.

der weltliche oder geistliche Herrscher ihren Untertanen oder Gläubigen die Hand mit dem Ring als Symbol ihrer Macht zum Kusse reichten. Oder es klopft uns einer in jovialer Anerkennung auf die Schulter: Gut gemacht. Jovial heißt »wie Jupiter«, der Göttervater, und genau so ist das gemeint, vom hohen Thron herab: Gut gemacht – fast so gut, wie ich es könnte.

All dies sind Dominanzbewegungen, und einige davon unterlaufen sicher auch uns, gelegentlich, unwillentlich. Sie lösen augenblicklich Gefühle der Konfrontation, Widerspruch, Aggression aus; auch wenn die Signale nicht bewußt wahrgenommen werden, denn diese Reaktion ist genetisch in uns verankert. Der Ehepartner reagiert mit Verdrossenheit oder Zorn, der Freund verstimmt und sauer, der Mitarbeiter mit übler Laune, Verweigerung und Leistungsabfall. Es kann auch so eine Art »verdrängter Strafaktion« darauf folgen: die Sekretärin übersieht einen wichtigen Termin, die Ehefrau vergißt einen Telefonanruf. Darum: Vorsicht vor Dominanzbewegungen der verdeckten Hand von oben nach unten! Kleine Verhaltensänderungen können große positive Wirkungen haben. Wenn ich jemandem nicht

Diese freundliche Anerkennung ist höchst doppeldeutig. Im dominanten Schulterklopfen von oben steckt gleichzeitig die Zurechtweisung: Bleib unten auf dem Platz, wo du stehst!

von oben auf die Schulter klopfe, sondern von der Seite an den Arm oder auf den Rücken – dann wende ich ihm die offene Hand zu, und es steckt in dieser umschließenden Geste auch der Ansatz und die Intention einer Umarmung. Diese Form der Anerkennung wird sicher nicht als joviales Schulterklopfen, sondern als freundschaftliche Zustimmung verstanden.

Wir schließen die Hand, um eine Sache zu fassen oder zu halten. Die gleiche Bewegung vollziehen wir in Überlegungen und Gesprächen, wenn wir einen Gedanken erfassen oder einen Zusammenhang in den Griff bekommen wollen oder verdeutlichen, daß uns dies gelungen ist.

Die Hand sucht einen Halt, wenn man aus dem Gleichgewicht zu geraten droht oder sich unsicher fühlt. Ob sich die Hand nun um einen Pfeifenkopf oder ein Feuerzeug, ein festes Glas oder die Handtasche schließt – diesen Moment, in dem ein Anhaltspunkt verlangt oder gefunden ist, kann der aufmerksame Beobachter registrieren.

Eine sehr starke oder ständige Bedrohung löst vor allem bei

Dies ist eine freundschaftliche Anerkennung, in der eine Umarmung angedeutet ist. Diese Handbewegung kann freilich auch manipulieren, indem sie den Gast zu seinem Platz drängt.

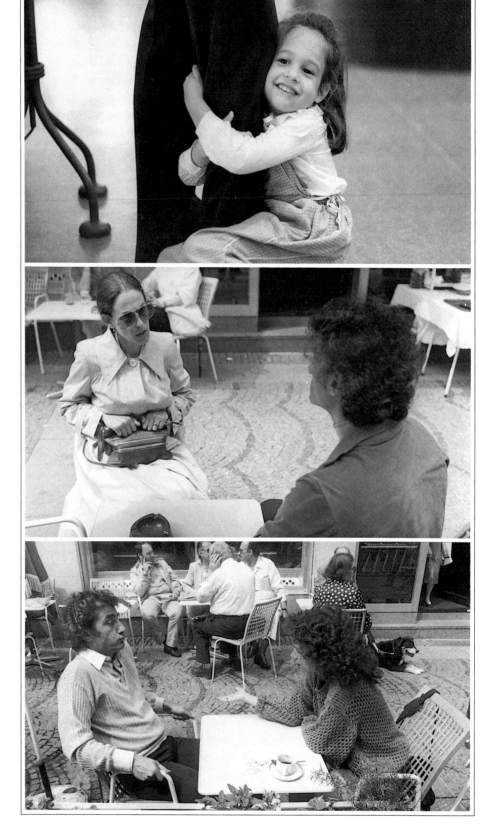

Die Urform des Klammerns aus der Umarmung

Das Klammern der Hände weist der Handtasche eine Ersatzfunktion zu: Sie wird als Schutzschild an den Körper gepreßt.

Hier klammern sich die Hände in Reaktion auf eine vielleicht bedrohliche Bemerkung um die Armstützen.

unsicheren Menschen das Bedürfnis aus, sich anzuklammern – wie sich ein Affenjunges im Fell der Mutter verkrallt. Es kann eine Stuhllehne oder eine Tischkante sein, auch die Fessel der eigenen Hand, fest an den Körper gepreßt – man sucht eine Zuflucht, an die man sich klammern kann. Im übertragenen Sinn können das auch Titel und Ämter, Gewohnheiten, Worte und Ideologien sein, von denen man sich nicht losreißen kann aus Angst, ins Leere zu fallen.

Die Krallenhand ist beim Menschen eigentlich eher eine symbolische Waffe, auch wenn Frauen mit spitzen Nägeln und der Behendigkeit, durch die sie mangelnde Schlagkraft ausgleichen, mit Kratzen erhebliche Wirkung erzielen. Als symbolische Drohgeste wird die verkrampfte Krallenhand aber auch von Männern benutzt. Sie signalisiert aggressive Gefühle, die sich zu Haß und wütendem Geifern steigern können – eine geistige Verkrampfung, die in den Fanatismus führen kann.

Die Faust ist die natürliche Waffe, die jedermann wie selbstverständlich nützt – nicht nur, um sie anderen buchstäblich ins Gesicht oder in die Rippen zu schlagen. Wir schütteln sie drohend, wir hauen mit ihr nachdrücklich oder pochend auf den Tisch oder wenigstens mit einer kurzen eleganten Bewegung in die Luft, weil das Auf-den-Tisch-Schlagen nun einmal von schlechten Manieren und Unbeherrschtheit zeugt.

Jedes Ballen zur Faust strahlt einen aggressiven Reiz aus und wird vom Gesprächspartner entsprechend beantwortet – auch wenn das beiden unbewußt ist. Wir sind in einem Rollenspiel einmal von der Situation ausgegangen, daß ein Bauunternehmer die vereinbarten Kosten überschritten hatte und seine Effektivkosten nun dem Auftraggeber vorlegt. Nach längerem Hin und Her erklärt er sich bereit, ein Angebot anzunehmen – und ballt dabei die Hände zu Fäusten. Das war ein positives Zugeständnis und der andere – so sagte er später – hat die Bewegung zur Faust nicht registriert. Aber seine Entgegnung war spontan: Hoffentlich außerhalb des Gerichts! Erst der Videorecorder zeigte ihm dann selbst, daß er das Fäusteballen sehr wohl wahrgenommen hatte und darauf aggressiv reagierte. Diese geballte Faust signalisiert nämlich auch: Für die Sache oder diese Idee bin ich bereit zu kämpfen! Bevor wir darauf mit der Methode der Abschreckung erwidern – ich bin mindestens so stark wie du! – sollten wir versuchen, eine Verständigung zu finden und darüber zu reden. Aber dafür muß man das Signal eben erkennen und sich bewußt machen.

Die streichelnde Hand versucht, durch zarte Berührung die Gestalt, Oberflächenstruktur und Temperatur ihres Gegenstandes wahrzunehmen und stellt damit eine Erlebnisbeziehung zu ihm her. Die Empfindung und das damit gewonnene Gefühl sind ganz anders als bei einer intellektuellen Wahrnehmung. Ein Angorafell ist ein Angorafell, eine Rose eine Rose – aber bei der Betrachtung mit dem

Auch so eine kleine Bewegung mit dem Zeigefinger, dem »Besserwisser«, kann dominant sein und das Gegenüber bremsen.

Die Worte können ganz verständnisvoll und entgegenkommend klingen – doch die geballten Fäuste verraten den aggressiven Unterton.

Eine Mischform: Die linke Gefühlshand zeigt offenes Entgegenkommen, während die geballte rechte Vernunfthand auf einen unterdrückten Kampf deutet.

Die »Pistole« ist als Geste der Verteidigung wie als Warnung zu verstehen.

Auge oder unter dem Mikroskop erweckten sie bei uns einen ganz anderen Eindruck als in der Berührung mit der Hand. Wir nehmen sie wahr – aber wir erleben sie nicht. Sie erwecken die Sehnsucht, sie zu berühren, denn erst das stillt unser Verlangen nach Erlebnis, unmittelbarem Empfinden. So versuchen wir auch in einem Gespräch, das uns sehr berührt und tangiert, unsere Sensibilität durch Streicheln der Handfläche mit den Fingerspitzen oder indem wir einen Stift zwischen Daumen und Zeigefinger hin und her rollen zu erhöhen. Wir reizen damit die Nervenenden und verschärfen unser Gespür, steigern unser Empfindungsvermögen.

Zuwendung und Zuneigung sind mit dem Wunsch verbunden, den anderen intensiver zu spüren und seine Regungen zu empfinden. So entsteht Zärtlichkeit, das weiche und empfindsame Streicheln des Partners. Durch den Hautkontakt treten wir mit ihm in behutsame Verbindung und schaffen durch den ruhigen Rhythmus des Streichelns zugleich eine entspannte, nachgiebige Atmosphäre. In Momenten der Verlassenheit, unter Gefühlen der Einsamkeit schenken wir uns selbst durch Streicheln die gleichen Empfindungen. Durch Streicheln eines Gegenstandes übermittle ich auch einem anderen meinen Wunsch nach Zärtlichkeit.

Die Beschreibung mit den Händen – das ist eine ganz passende Wortbildung. Schon lange bevor die Menschen die Möglichkeit entdeckt hatten, etwas durch Zeichen, durch irgendeine Art von Schrift festzuhalten und anderen zu über-liefern, nutzten sie die Zeichen ihrer Hände, um ihre Informationen zu verstärken und sich besser zu verständigen. Sie zeichneten Formen, Eindrücke und Gefühle durch die Bewegung ihrer Hände nach und beschrieben sie damit genauer und sinnlicher, als es durch die abstrakte Information des Wortes allein möglich ist. Diese unterstützende und ergänzende Bedeutung und Wirkung haben die Handzeichen auch heute noch, nachdem unser Sprachvermögen sehr viel höher entwickelt ist. Manchmal genügt eine Handbewegung, und man versteht sofort, was gemeint ist.

Wenn jemand eine Wendeltreppe erklären soll, wird er sofort mit Hand und Zeigefinger eine spiralförmige Bewegung von unten nach oben nachzeichnen. Wenn er eine attraktive Frau oder ein stattliches Mannsbild schildert, wissen wir sofort, welche handgreifliche Darstellung wir zu erwarten haben. Wenn er ein Thema endgültig abschließen will, wird er mit der flachen Hand einen waagrechten Schlußstrich ziehen. Wenn er während einer Besprechung signalisieren möchte, daß es höchste Zeit zu essen sei, wird er mit gespitzter Hand zum Mund deuten oder mit der flachen an den Magen klopfen.

Oder stellen wir uns vor, wie ein Vorgesetzter seinen Mitarbeitern so oder so gedachte Arbeitsvorgänge erläutert. Er »baut« mit beiden Händen Wände mit Zwischenräumen, die aufeinander folgen:

Ein Vorgang soll vom anderen abgegrenzt und dann Schritt für Schritt erledigt werden. Seine Hand beschreibt in einer diagonalen Bewegung Stufen von unten nach oben: Man muß die Sache von Grund auf anpacken und dann stufenweise nach oben entwickeln. Er deutet den einzelnen Mitarbeitern mit den Händen einen Rahmen an und meint damit das Arbeitsfeld, das ihnen gesteckt ist. Dann drückt er mit einer suggestiven Bewegung die Daumenspitze an das obere Glied des Zeigefingers: Um dieses Detail sollen sie sich besonders kümmern. Und abschließend schlägt er mit beiden Händen einen Kreis oder formt sie zueinander, als hielte er zwischen ihnen eine Kugel: So bekommen wir das ganze Projekt in den Griff. Derartige Szenen lassen sich allein durch die Bewegung der Hände zu einer Pantomime ausarbeiten, bei deren Anblick jeder auch ohne Worte das ganze Geschehen begreift.

Wer die offenen Hände von sich wegschiebt, signalisiert, daß er sich etwas vom Leibe halten möchte. Dafür gibt es ein sehr prominentes und überzeugendes Beispiel. Während des Vietnam-Krieges hielt Präsident Nixon eine Fernsehansprache, in der er die protestierende Jugend mit großen Versprechungen beschwichtigen wollte. Wörtlich: I promise you, you will get everything you want – und während er das sagte, schob er deutlich sichtbar seine Hände nach vorne. Das war ein eklatanter Widerspruch zwischen dem verbalen Versprechen und der nonverbalen Aussage, die seine innere Einstellung verriet. Sie bedeutete nämlich, daß er nur soviel zu geben bereit war, wie notwendig schien, um sich die Proteste und diese aufmüpfige Jugend vom Halse zu halten; Nixon dementierte damit seine eigene Glaubwürdigkeit. In der richtigen Einschätzung, daß er nur unter Druck nachgeben würde, hielten die Demonstrationen an.

Diese Geste des Von-sich-Wegschiebens vollführen die Hände nicht nur mit einem imaginären Gegenstand in der Luft. Man schiebt auch auf dem Tisch Dinge von sich – einen unliebsamen Aktenvorgang, einen unschuldigen Aschenbecher oder eine leere Kaffeetasse –, wenn man unter innerem Druck steht, einen Vorschlag abschieben oder Verantwortung ablehnen möchte.

Mit der gleichen Geste weisen wir jemanden zurück, der uns zu nahekommt, in unser Territorium eindringt – sei es, daß er uns physisch zu dicht auf den Pelz rückt, in seinen Fragen zudringlich wird oder seine Unterlagen gar zu extensiv ausbreitet. Wir schieben seine Papiere oder unseren Notizblock ein Stück weg und signalisieren ihm dadurch, sich in seine Grenzen zurückzuziehen. Wenn unsere Hände plötzlich anfangen, die Gegenstände am Tisch oder die eigenen Utensilien zu ordnen, heißt das: Die Information ist mir zu fahrig, ich muß erst Ordnung in die Sache bringen.

Der Putztick kann auch unsere Hände befallen. Bei Leuten, die ständig etwas von der Tischplatte wischen, in akkurate Ordnung

Der Versuch, die ganze Sache in den Griff zu bekommen.

Um das ganz exakt zu beschreiben, bewegen sich Daumen und Zeigefinger in waagrechte Position.

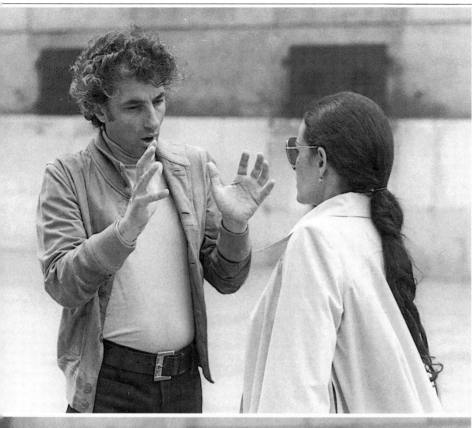

Das Ganze ist eine runde, geschlossene Angelegenheit!

Man muß die Dinge voneinander trennen: Die eine Hand zeigt die Grenze, die andere schiebt etwas weg.

162

rücken und von Staub befreien, ist er auch ein Charaktermerkmal. Um sie herum soll alles schön geordnet sein und harmonisch glänzen, wie sie es in ihrer Wunschwelt erträumen. Mit den unangenehmen Dingen und harten Tatsachen des Lebens tun sie sich schwer; sie meiden Konfrontationen mit der Realität.

Wenn dagegen jemand wie zerstreut oder überraschend konzentriert einen Krümel vom Tisch streicht oder eine Fluse vom Ärmel zupft, antwortet er wahrscheinlich auf einen störenden Reiz des Augenblicks, den er entfernen oder abschütteln will. Oder es unterbreitet einer seinem Chef einen wirklich guten Vorschlag, und da beginnt der, die Sachen vor sich wegzurücken, die Schreibplatte zu putzen und wie nebenbei Ordnung zu schaffen: Er neigt dazu, den Vorschlag abzulehnen, denn er fühlt sich unwohl, weil er eigentlich ihm selbst hätte einfallen müssen! In dieser zwiespältigen Situation wird der Mitarbeiter seinem Chef das Gefühl vermitteln müssen, er selbst sei der Vater des Gedankens und habe das Projekt in der Hand – sonst wird er ablehnen.

Durch die Bewegung beider Hände werden die Aussagen der

Das »Stachelschwein« zeigt die abwehrenden Fingerspitzen.

offenen oder verdeckten Hand verstärkt – ob ich nun bitte, jemanden begrüße und umarme oder mich schütze. Mit beiden Armen errichte ich vor mir eine Schutzmauer, indem ich die Ellbogen aufstelle und entweder in der Haltung »Faust in Hand« oder zueinander gedrückten Fingerspitzen die Pyramide schließe; die Fingerstellung zeigt eine erhöhte innere Spannung. Senkt sich diese Pyramide nach vorne, so wirkt sie wie ein Keil, wie der Bug eines Eisbrechers: Die nach vorne gerichtete Spitze weist ab, droht oder attackiert das Gegenüber, und die Unterarme lenken alle Angriffe oder Einwürfe ab, die auf uns zukommen.

Die Pistole: Beide Zeigefinger zielen wie der Lauf nach vorne, beide Daumen sind wie der Hahn aufwärts gespannt, die übrigen Finger nach hinten zum Griff verschränkt. Die Aggressivität dieses Bildes ist pistolenklar.

Der Kammriegel: Die Finger sind ineinander verflochten und locker gefesselt, gespannt und bereit, sich gleich zu aktivem Eingreifen zu öffnen. Stärkere Spannung wird durch weiße Drucklinien an den Knöcheln sichtbar, die Verriegelung verhindert ein Eingreifen.

Die Fingerkuppen suchen die Berührungspunkte.

164

Die Finger weisen in den Handteller: Ich erwarte, etwas zu bekommen.

Die Hände reiben aneinander: Ich bin zufrieden und fühle mich wohl.

*Die Finger an die Stirn: Ich versuche,
meine Gedanken anzuregen.*

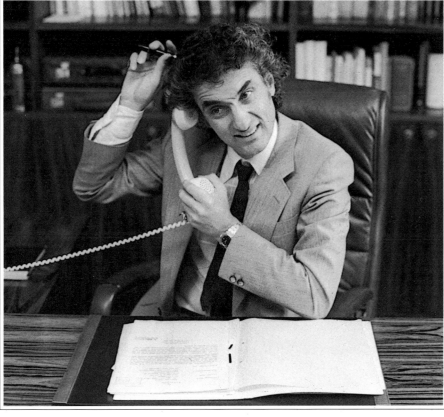

*Der »Ersatzfinger« kratzt am Kopf: Ich
muß mich so oder so entscheiden.*

Die Finger rücken die Brille zurecht: Ich möchte die Sache besser durchschauen.

Das Stachelschwein: Die ineinander verschränkten Finger spreizen sich und zeigen abwehrend ihre Spitzen.

Kommen beide Hände in Pyramidenform zueinander und berühren sich zart und tastend an den Fingerkuppen, so ist das wie die abwägende Bewegung der zwei geöffneten Hände immer ein Suchen nach Berührungspunkten, Abwägung der gemeinsamen Interessen, und läßt die Bereitschaft zur Einigung erkennen.

Häufig reiben wir die Hände aneinander, wenn wir einen Entschluß gefaßt haben und nun zur Tat schreiten wollen. Es ist, als wollten wir damit die Hände anwärmen, damit sie unsere Absicht nun auch genau und gefühlvoll in Handlung umsetzen. Doch die gleiche Gebärde kann auch Zufriedenheit oder Schadenfreude ausdrücken: Wir fühlen uns wohl und wollen das durch erhöhte Sensibilisierung ganz auskosten.

Ebenso signalisiert die Bewegung des Händewaschens Wohlbehagen, doch kann sie auch anhalten und unversehens den Eindruck des Händeringens hervorrufen: Ein Ausdruck der Unentschlossenheit und Hilflosigkeit. Wir jucken uns mit den Fingern in der

Handfläche: Es verlangt uns nach etwas, es juckt uns ein Gedanke, wir hoffen, etwas zu bekommen.

Wenn die Handteller diagonal ineinander liegen, und sich die Finger um den Handteller schließen, suggeriert das eine Umarmung. Diese väterliche Geste ist bei Priestern und manchen Moralpredigern sehr beliebt. Ihre Sprache ist sanft. Sie beruhigt entweder oder sie bringt den Partner auf: Denn ein Empfindungsaustausch findet hier nicht statt.

Natürlich berühren wir den eigenen Körper mit Händen und Fingern in erster Linie, um ihn zu pflegen, zu säubern und unmittelbare Bedürfnisse zu stillen – Aufgaben der physischen Funktion also. Wir benutzen sie auch, um den Körper vor übergroßen physischen Reizen zu schützen: zur Abschirmung der Augen, zur Abdeckung der Ohren etc.

Doch hier verläuft schon die Grenze, wo die Berührung mit den Händen auch zum Kommunikationssignal wird: Hand über der Stirn, Hand auf dem Magen, Hand aufs Herz... Und schließlich dient die Berührung vor allem mit den Fingern nicht zuletzt der Auf-

Der Zeigefinger streicht unter der Nase: Das will kritisch bedacht sein.

gabe, bestimmte Funktionen und Sensibilitäten zu stimulieren. Das sind zugleich identifizierbare Verhaltenssignale.

Die Hand geht zur Stirn, wenn wir uns auf etwas besinnen; die Fingerkuppen klopfen dagegen, wenn wir einen verlorenen Gedanken wecken wollen; sie streichen die Schläfe, wenn wir neue suchen; Stirn und Augen sinken in die Hände, wenn wir erschöpft sind oder uns ganz auf etwas konzentrieren wollen. Brillenträger schieben mit den Fingerspitzen die Gläser vor die Augen, wenn sie etwas genauer durchschauen wollen. Die Fingerspitzen spielen an den Lippen, wenn der richtige und behutsame Ausdruck für einen schwierigen Zusammenhang gefunden werden muß. Die Finger streichen unter der Nase über der Oberlippe, wenn ein Gedanke der letzten Prüfung unterzogen wird; sie zupfen an der Nasenspitze, wenn eine Bemerkung daneben ging oder peinlich war. Die Hand fährt zum Mund, um ihn bei einer voreiligen Äußerung zu blockie-ren, und reibt den Nacken in einer beunruhigenden oder unbehagli-chen Situation, um damit den Kopf unauffällig in Deckung zu bringen und die Last im Genick zu vertreiben. Der Finger fährt zwischen Hals

Bei Ermüdung oder hoher Belastung sperren die Finger den Informationsfluß durch Schließen der Augen und schaffen durch leichtes Pressen einen Druckausgleich.

und Kragen, wenn uns eng wird, und wir mehr Luft und Raum verlangen. Wir nehmen das Ohrläppchen zwischen Daumen und Zeigefinger, um durch Stimulierung des aus der Akupunktur bekannten Augenpunktes unsere Beobachtungsschärfe zu erhöhen und Überblick zu gewinnen oder uns durch sanftes Streicheln anzuregen und zu belohnen. Wir beißen auf den Finger, um uns zu bestrafen, und kauen auf den Nägeln, wenn wir die Realität nicht schlucken wollen . . . Diese Aufzählung läßt sich seitenlang fortsetzen und durch immer neue individuelle Entdeckungen bereichern.

Die Finger

Der Daumen ist der Dominanzfinger: Der motorisch stärkste von allen und jener, der das Greifen möglich macht, den Zugriff der Hand verriegelt. Der Daumenausdruck hat immer dominanten Charakter, der Daumen übt Druck taus. Im Römischen Reich richtete der Imperator den Daumen nach unten, wenn er den Tod eines Gladiators befahl, und nach oben, wenn er ihm das Leben schenkte. Im Flugverkehr bedeutet das Zeichen heute »alles O. K.«, fertig zum Start. Der selbstgefällige Spießbürger steckt den Daumen unter die Hosenträger und schiebt sie aufrecht über geballter Faust nach vorne: Hier bin ich, wer will mir was?! Das ist alles nicht von ungefähr. Immer wenn eine Person das Gespräch an sich zu reißen sucht oder sich und ihre Leistungen preist, springen die Daumen empor. Wenn eine so überaus ichbewußte Person sich zurückzuhalten versucht, werden zwar die Hände mit den Fingern verschränkt – doch die gereckten Daumen halten den Dominanzanspruch aufrecht. Umgekehrt werden die Daumen in der Umklammerung der anderen Finger verborgen von Menschen, die sich am liebsten selbst verkriechen möchten und Angst haben, irgend jemand könne auf sie aufmerksam werden und von ihnen selbständiges Auftreten erwarten.

Der Zeigefinger ist nicht nur der sensibelste Finger, sondern auch der Besserwisser. Wenn wir eine Richtung oder ein Objekt zeigen wollen, weisen wir mit der ganzen Hand; wenn wir das aber ganz genau und nachdrücklich markieren wollen, benutzen wir den Zeigefinger. Der hinweisende Zeigefinger belehrt: Ich weiß das nicht ungefähr, sondern exakt und im Detail. Wissen ist Macht, Besserwissen macht überheblich. Mit dem gestreckten Zeigefinger drohen wir, mit seinen peitschenden Schlägen strafen wir Unwissenheit und knüppeln sie nieder. Weil sich dieses Fingerzeigen für Leute mit guter Erziehung nicht schickt, nehmen sie ersatzweise den Kugelschreiber, ihre Pfeife oder Brille zwischen Daumen und gekrümmten Zeigefinger und schlagen damit auf Gegenargumente ein. Oder sie bohren mit dem Zeigefinger nach schwachen Punkten und stechen auf sie ein, sobald sie sie entdeckt haben. Sie können ihn auch mit dem dominanten Daumen kombinieren, indem sie ihn über dessen Spitze krümmen und mit diesem spitzen Schnabel dann auf uns oder einer Sache herumhacken. Menschen mit solchen Zeigefinger-Gewohnheiten sind meistens recht unangenehm.

Der Mittelfinger ist der Selbstgestaltungsfinger. Unter seinesgleichen ist er der größte und damit das Symbol unserer Selbstbetrachtungsweise: Wir schenken uns selbst die größte Aufmerksamkeit und erhoffen das auch von anderen. Wenn ich diesen Finger betone, hervorstelle oder mit der anderen Hand anfasse, signalisiere ich den Wunsch nach Anerkennung und Lob oder will etwas von meinen gelungenen Leistungen erzählen. Mittelfinger und Zeigefinger halten gerne zusammen: Symbol für das Wissen und das Ich.

Die gereckten Dominanzdaumen demonstrieren Selbstzufriedenheit.

Die Finger setzen eine Grenze unter den Pfeilern der Daumen: Bis hierher komme ich entgegen, doch nicht weiter.

Die Fesselung der Hände verhindert ihre
Öffnung und bringt die Daumen in
dominante Stellung.

Die Mischform des offenen Angebotes bei
begrenzten Möglichkeiten.

Spiel der Hände
(von links nach rechts)

Er hält ihre Hände mit dominantem Anspruch: Die Daumen liegen oben.

Sie signalisiert Widerstand und Eigenanspruch durch Recken des Zeigefingers.

Sie versucht, die Situation in die Hände zu nehmen; während er durch eine sanfte Berührung des Gefühlsfingers andeutet, daß er dem in einer sehr gefühlsbetonten Stimmung folgt.

Zärtlichkeit, Zugehörigkeit, Fürsorge sprechen aus dieser Berührung der Hände.

Der Stift wird zum Ersatzfinger, an dem man bei der Einnahme einer Information lutscht.

Der Ringfinger ist der Gefühlsfinger. Er geht immer mit unserem »Ich« zusammen und kann sich deshalb ohne den Mittelfinger schwer bewegen. Schwer zu sagen, ob man den Ring dort trägt, um den Bund mit dem Gefühl zu zeigen – oder dem Finger das Gefühlssymbol zugewiesen wurde, weil man den Ring da trägt. Er spielt eine eher passive Rolle.

Der kleine Finger ist der Gesellschaftsfinger. Er kann nicht viel anrichten, aber er ist immer dabei. In der Barockzeit hat die aristokratische Gesellschaft einen Kodex des eleganten Benehmens entwikkelt, in dem die feine Bewegung der Hand eine ganz wichtige Rolle spielte. Der kleine Finger mußte da immer ein wenig abgespreizt von der übrigen Hand gehalten werden. Molière hat in seiner phantastischen Komödie »Der Bürger als Edelmann« vorgeführt, wie die bourgeoisen Aufsteiger, die Neureichen diesen Benehmenskodex studierten und durch Nachahmung als Herren von Stand und Adel zu gelten versuchten. Manche dieser feinen Leute strecken noch heute ihren kleinen Finger so hoch in die Luft, daß er den anderen fast die Augen aussticht. Dabei läßt der feine Mann von heute den kleinen Finger

Eine kleine Bewegung des kleinen Fingers
demonstriert einen großen Unterschied.
Im einen Fall zeigt der eingezogene
Gesellschaftsfinger eher individuelles
Understatement.

Im anderen Fall signalisiert er durch seine
Spreizung demonstrativ: Ich gehöre auch
zur feinen Gesellschaft!

längst lässig hängen! In manchen Kulturen ist noch immer ein langer Nagel am kleinen Finger als Statussymbol zu verstehen: Er zeigt, daß man keine schwere Arbeit leisten muß und zur höheren Gesellschaft gehört.

Wer es hierzulande mit den Anstandsregeln sehr streng nimmt, hält es noch immer für ein Zeichen von schlechten Manieren, wenn man in der Unterhaltung mit anderen Leuten oder gar einer »höhergestellten Person« die Hand in die Hosentasche steckt. Erfreulicherweise halten sich die meisten nicht mehr so sklavisch an solche Regeln, denn in der Körpersprache hat diese Geste eine sehr freundliche Bedeutung. Mit der Hand in der Tasche sagt man einfach, daß man im Augenblick gar nicht so aktiv aufgelegt ist, sondern lieber ein lockeres und entspanntes Gespräch haben möchte – Smalltalk über Nichtigkeiten, ein paar Höflichkeiten oder Freundlichkeiten, nichts von Belang. Gerade Leute von gesellschaftlichem Rang – und nicht nur Prinz Philip oder der Prince of Wales – machen sich diese Geste zunutze, um für eine ungezwungene Atmosphäre zu sorgen und übertriebene Barrieren abzubauen. Auch ein Redner, der seine Hand in die Tasche steckt, signalisiert damit: Nun nehmt meine Position euch gegenüber mal nicht so wichtig, wir wollen ein zwangloses Gespräch unter Freunden führen.

Umgangsformen

Richtig eingesetzt und verstanden kann diese Bewegung sogar für Entspannung sorgen. Ein Vater will seinem Sohn eine Strafpredigt halten, und der steckt gemächlich die Hand in die Tasche. Wenn der Papa nun ein Erzieher vom alten Schlag und voller Sorge um seine Autorität ist, geht er wahrscheinlich in die Luft, denn junge Leute, Untergebene und nachgestellte Personen haben gefälligst Hab-acht-Stellung anzunehmen, wenn man ihnen etwas sagt! Und wenn er von dieser Art ist, dann will der Herr Sohn mit dieser Geste wahrscheinlich sogar Trotz und Verweigerung demonstrieren. Ist der Vater jedoch weniger von Selbstzweifeln und autoritären Erziehungsbegriffen geprägt, dann erkennt er in dieser Geste vielleicht das Angebot: Na gut, laß uns darüber reden, aber mach's nicht so tragisch. Und er kann die Unstimmigkeiten in einem ruhigen und freien Gespräch klären.

Fremde Menschen berühren wir mit den Händen eigentlich nur, um ihnen eine Gefälligkeit oder Hilfe zu erweisen – wir geleiten eine alte Dame über die Straße, helfen einem Kind auf die Beine etc. Diese Zweckberührung respektiert das körperliche Tabu und ist frei von anderen Bedeutungen. Nur bei vertrauten Menschen durchbre-

180

chen wir diese natürliche Distanz, um Kontakt aufzunehmen und Nähe zu gewinnen. Man legt ihnen den Arm mit einer schützenden Geste um die Schulter, um Freundschaft oder Fürsorge zu zeigen. Legt man den Arm um den Hals des Partners oder eines Kindes, so deutet das auf die Dominanz des einen (die sehr freundlich gemeint und dennoch unmißverständlich ist) und Unterordnung und Vertrauen des anderen, der damit seinen verletzlichen Hals frei geben muß. Bei Berührungen des Kopfes ist ein besonders hohes Maß an Vertrauen die Voraussetzung, denn der Berührte setzt dabei diesen wichtigen Körperteil mit allen sensiblen Partien dem anderen aus. Das Streicheln von Kopf und Wangen, die Berührung von Augen und Lippen, das Lehnen des Kopfes an die Schulter – diese Aussagen haben viele Nuancen, vom Trost bis zur Zärtlichkeit, doch immer bezeugen sie eine große Intimität der Beziehung.

Der Anschein der Vertrautheit ist aufgesetzt: Sie blockiert mit der Rechten seine Hand und schützt ihren Hals vor einem möglichen Zugriff. Erst die unbehinderte Umarmung signalisiert volles Vertrauen.

Die Grenzen der Intimität sind in unseren Breiten recht eng gezogen. In den meisten Ländern des Mittelmeeres und des Orients hat man zu diesen Berührungen ein viel freieres, weniger ängstliches und verkrampftes Verhältnis. Die Menschen berühren einander gerne und häufig, um Vertrauen und Sympathie zu zeigen, sie nutzen die Ausdrucksmöglichkeiten ihres Körpers viel selbstverständlicher. Auch unter Männern sind Gesten der Zuneigung und Freundschaft üblich, herzliche Umarmungen und innige Berührungen, die man in Mitteleuropa nur als erotische Signale gelten läßt und darum sehr schnell mißversteht. Zieht sich jemand davor zurück, so wird das von Südländern leicht als persönliche Ablehnung ausgelegt, die gar nicht beabsichtigt war. Es kann auch sein, daß man dadurch nur noch mehr Berührungsversuche und Kontaktbemühungen hervorruft, weil der temperamentvollere Partner doch seine Zuneigung zeigen will.

Die zärtliche Berührung von Kopf und Hüften, die sanfte Berührung von Mund und Händen, Anschmiegsamkeit und Zuneigung gehören zum Ritual der Liebenden auf dem Weg von gegenseitiger Wahrnehmung zur Geborgenheit ineinander.

Am Verhalten junger Leute läßt sich nun ablesen und erhoffen, daß sich hier auch im kühleren Norden allmählich ein Wandel vollzieht, und man freier mit der Sprache und dem Ausdruck des Körpers umzugehen lernt.

Die Berührung unter Liebenden ist von dem Wunsch getragen, einander zart und empfindsam wahrzunehmen, die eigenen Gefühlsregungen auch im anderen zu spüren. Das Spiel mit den Händen hilft, die Signale und die Sensibilität, die Reaktion und Relfexe des Partners zu entdecken und zurückzugeben, vermittelt Halt, Geborgenheit und Wärme.

Die Hand auf der Hüfte des Liebespartners ist für die Außenwelt ein deutliches Signal ihrer intimen Beziehung. Als die Berührung der Hüften im Volkstanz aufkam, war das eine ebenso gewagte Entwicklung wie die Hüftberührung beim Walzertanz, denn die erotische Bedeutung und Wirkung dieses Kontaktes ist nun wirklich nicht zu übersehen.

Die Berührung der Lippen und der Zunge, der Kuß, ist Aufnehmen und Geben zugleich und suggeriert die Vereinigung des Geschlechtsaktes, der durch die Intensivierung des Liebesspiels mit Berührungen der erogenen Zonen um Brust, Schenkel und Unterleib stimuliert wird. Man gibt sich einander, indem man seinen Körper gibt.

Dieser Ablauf ist von Natur vorprogrammiert und wird als Ritual eingehalten. Jedes Auslassen oder Überspringen einer dieser Stufen durch einen Partner wird vom anderen als aggressive Annäherung oder Zudringlichkeit empfunden. Die Rangordnung dieses Vorprogrammierens ist von Kultur zu Kultur verschieden.

Es gibt freilich auch »Berufsberührer«, denen vertrauliche und intime Körperberührungen zugestanden werden, die wir sonst nur nahestehenden und geliebten Menschen erlauben. Ärzte und Pfleger, Masseure und Friseure können uns nicht behandeln, ohne ihren Patienten, Klienten, Kunden die Hand aufzulegen und sie auch an Körperteilen zu berühren, die wir Dritten sonst nicht preisgeben. Diese Kontakte lösen Reize aus, das ist unvermeidlich. Wir versuchen, nicht zu reagieren und sie zu ignorieren, indem wir die Berufsberührer als »Unperson« betrachten und die Kontaktnahme als funktionalen Vorgang werten. Doch es liegt in der Natur des Reizkontaktes, daß sich daraus Vertraulichkeit einstellt und entsprechende Gespräche entwickeln. Will man sie vermeiden, so muß man von vornherein auf einen sehr sachbezogenen Blickkontakt achten — sonst ist der Berufsberührer irritiert, weil unser Verhalten gegen seine Erfahrung ist, und er ja nur professionelle Aufgaben erfüllt. Andererseits wird der Berufsberührer unwillentlich leicht zum Opfer eines »legitimen Seitensprungs«. Menschen, die unter einem Mangel an Zärtlichkeit und vertraulichen Kontakten leiden, deren Bedürfnis nach Zuwendung und Berührung unerfüllt bleibt, suchen begreiflicher-

»Berufsberührern« wie Pflegepersonen oder Bedienungspersonal gestatten wir das Eindringen in unsere streng geschützte Intimzone. Um dennoch Distanz zu wahren und intime Kontakte zu verhindern, ignorieren wir sie einfach als »Unpersonen«.

184

weise dieses Verlangen zu kompensieren. Einsame und alte Menschen gehen ganz gerne zum Doktor, häufiger als notwendig wäre, um sich ihm anzuvertrauen. Frauen, die sich vernachlässigt fühlen, finden öfter den Weg in einen Kosmetiksalon oder zum Friseur. Sie holen dort auch ein wenig von der zarten Berührung und Anerkennung, die sie vermissen. Auch Gymnastik, Tanz, Theaterspiel und Sport gewähren durch körperliche Berührung Hautkontakt und Gefühle der Geborgenheit.

Denn der Mensch fühlt sich nicht wohl, wenn ihm körperliche Nähe vorenthalten wird, und unter Umgangsformen, die körperliche Berührungen erschweren oder tabuisieren, entwickelt sich auch keine menschliche Wärme. Wir kommunizieren miteinander immer auf zwei Ebenen, einer rationellen und einer emotionellen. Es genügt nicht, wenn nur eine angesprochen wird – weder der Verständigung untereinander noch der Befriedigung unseres individuellen Bedürfnisses. Der Mensch ist ein soziales Wesen. Allerdings achtet er auch darauf, daß seine Unversehrtheit, sein Territorium gewahrt bleibt – nur wenige dürfen dessen Grenzen überschreiten.

Auch die Sekretärin darf als Funktionsperson die Schutzzone unseres eigenen Territoriums überschreiten.

Territorialverhalten

Das Territorialverhalten ist eine Folge des Überlebenstriebes und in jedem Lebewesen genetisch programmiert, auch beim Menschen. Wir unterscheiden vier Zonen des territorialen Anspruchs.

Die erste Territorialzone ist unser eigener Körper. Die zweite wird bestimmt durch die Entfernung, die zum Schutz des eigenen Körpers vor Angriffen notwendig ist. Sie richtet sich nach der Armlänge oder Reichweite des anderen, der uns verletzen könnte. Dies ist zugleich die gesellschaftliche Zone, die bei einer Begegnung oder einem Gespräch eingehalten wird; doch kann die Entfernung je nach Kulturkreis differieren. Araber stehen näher zueinander, Engländer weiter auseinander. Das Überschreiten dieser Grenze wird als Eindringen in die Intimzone betrachtet, ein größerer Abstand als Distanzierung.

Die dritte Territorialzone umfaßt den Raum, den wir für den Schutz unserer Familie oder Gruppe brauchen: Die Wohnung oder das Haus, der Bauernhof oder das Dorf.

Die vierte Territorialzone ist das Gebiet, das wir zur Sicherung von Nahrung und Unterhalt beanspruchen – einst das Jagdrevier und die landwirtschaftliche Nutzfläche, heute eher das Stadtviertel und die Arbeitsstätten, wo wir leben und arbeiten. Diese Zone kann natürlich je nach Betrachtungsweise und Interessenlage sehr viel weiter verstanden werden. Als Wiener kann ich meine Stadt als Territorialzone betrachten, als Schwyzer meinen Kanton, als Deutscher mein Land, als Arbeiter die Fabrik, als Direktor mein Unternehmen, als Politiker die Interessen der von mir vertretenen Gruppierung. Es gibt viele Arten von Lebensraum.

Ich nehme ein Gebiet durch Anspruch und Eroberung in Besitz und muß fähig sein, mich vor Eindringlingen von außen, vor Herausforderern im Innern und dem eigenen konkurrierenden Nachwuchs zu schützen und zu behaupten. Ich muß kämpfen und auf der Hut sein, nicht verletzt zu werden, weil das meine Verteidigung schwächt und meine Überlebenschancen mindert. Zu diesem Zweck, sein Territorium zu behaupten, sind im genetischen Code des Menschen rituale Signale programmiert, die wir nach drei Merkmalen einteilen können:
▷ Kampfsignale und Imponiergehabe
▷ Gebietsmarkierungen
▷ Hierarchische Signale und Statussymbole

Jedes Eindringen in unseren Körper gegen unseren Willen ist eine territoriale Verletzung. Das gilt nicht nur für Verwundungen und Vergewaltigungen, sondern ebenso für Operationen oder Injektionen ohne unsere Genehmigung. Und für Zwangsernährung.

Die gute Mutter, die ihr Kind mit aller Gewalt zum Essen zwingen will und ihm trotz aller Abwehr das Futter mit dem Löffel in den Mund stopft, ist keine gute Mutter. Sie verletzt das Territorium des Kindes und bricht seinen Willen. Das kann dazu führen, daß dieser Mensch später nicht um seine Rechte kämpfen und es als selbstverständlich ansehen wird, daß Erwachsene, Vorgesetzte, Autoritäten sein Territorium verletzen, sich als untergeordnet und schwach akzeptiert. Eine Mutter darf nicht anders handeln als der Zahnarzt, der seinem Klienten an die Plombe will: Er wartet, bis sich der Mund öffnet und Einverständnis signalisiert. Territoriale Signale müssen respektiert werden. Man darf sich den Zutritt nicht erzwingen, sondern muß sich bemühen, sein Gegenüber zu motivieren, dazu zu bewegen.

Kampfsignale und Imponiergehabe

Das erste Drohsignal unter Primaten ist der intensive Blick. Durch den Blickwechsel und die Dauer des Blickes wird die Kraft und Ausdauer des Gegners abgeschätzt. Wenn sie überwältigend scheinen, signalisiert der abweichende Blick Unterwerfung; der sich unterlegen Fühlende zeigt Verzicht auf weitere Auseinandersetzung und räumt dem Sieger das Feld oder er unterordnet sich seiner Dominanz. Unter Tieren mit sozialer Lebensweise bringt das auch Vorteile. Der stärkere und dominante Artgenosse schützt das gemeinsame Territorium gegen Angriffe von außen und genießt Vorrechte bei der Atzung und bei der Paarung, die wiederum die hierarchische Ordnung in der Gruppe bestimmen und die Auseinandersetzung untereinander verhindern oder mindern. Der Schwächere genießt innerhalb dieser Rangordnung Freizügigkeit und den Schutz des Stärkeren in seinem Lebensraum.

Führt der Blickwechsel zu keinem Ergebnis, so werden weitere Drohsignale getauscht, die dem Gegner imponieren und ihn zum Nachgeben bewegen sollen. Auch Vierbeiner richten sich auf den Hinterfüßen auf, schlagen mit den Hufen, spreizen die Tatzen, Affen trommeln mit den Fäusten gegen die geblähte Brust, zeigen die Zähne, Katzen die Krallen und sträuben das Fell wie die Vögel ihre Federn, das Stachelschwein seine Borsten: Schau her, so stark bin ich, so groß, so gefährlich. Wirken auch diese Signale und das ganze Imponiergehabe nicht, so ist der Kampf unvermeidlich. Er endet mit der Niederlage eines der Streitenden, die in der Regel – wenn es sich nämlich um einen Artenkampf handelt – durch Signale wie Senken des Kopfes, Aufheben des Hinterteils, Darbietung von Hals oder Kehle oder jähe Flucht eingestanden wird.

In der menschlichen Gesellschaft geht es gar nicht so viel anders zu. Die territoriale Auseinandersetzung in Tateinheit mit Kör-

perverletzung, Totschlag oder Mord steht zwar unter strengen gesetzlichen Sanktionen und ist nur in Notwehr erlaubt, doch abgesehen von kriminellen Delikten gibt es einen Haufen täglicher Aggressionen, Prügeleien und Schlägereien, die auf tatsächliche oder vermeintliche territoriale Verletzungen zurückzuführen sind. Und hoch gerüstet ist das Arsenal des Imponiergehabes, der Drohgesten und Kampfsignale, mit denen wir unsere Gegner einschüchtern wollen.

Dabei beginnt es genau wie zwischen dem Kaninchen und der Schlange, dem Büffel und dem Büffel, Auge in Auge. Man fixiert den Gegner mit dem Blick, wer wegschaut, hat verloren. Wenn ich jemandem zu nahe trete, im wörtlichen oder übertragenen Sinne, verletze ich sein Territorium. Wir kennen den Blick, mit dem er uns dann ansieht, und weichen ihm aus, schlagen verlegen die Augen nieder und treten zurück. Und wir erkennen in den Gesten und Körpersignalen, die eine Auseinandersetzung begleiten, viele der geschilderten Signale aus der Tierwelt wieder, wir müssen ihre Abänderung zu menschlichem Gebrauch kaum beschreiben.

Auf eine besondere menschliche Unterwerfungsgeste will ich hinweisen, weil sie zu einer konventionellen Haltung erstarrt und das Resultat sozialer Konditionierung ist. Wenn einer auf breiten Beinen mit fest ausgestellten Füßen dasteht, signalisiert das den Anspruch auf stabilen, ausreichenden Grund, den er mit seinem Körper in Besitz nimmt – auf Territorium. Eine kleine Standfläche dagegen zeigt die Ängstlichkeit, ja nicht zu viel Platz einzunehmen, zeigt Unsicherheit, Unterordnung und den vorherigen Verzicht auf territorialen Anspruch und Kampf. Das ist genau die Haltung, die braven Bürgern und strammen Soldaten anerzogen wird: Parallel geschlossene Füße, aneinander gepreßte Beine, Hände an die Hosennaht, Arme an den Körper. Wer so dasteht, erwartet einen Befehl, den er – kehrt um! – beflissen ausführen wird, oder eine Belohnung – brav gemacht! –, weil er so ordentlich funktioniert. Schon Kinder werden dazu erzogen, so zu stehen, sich klein zu machen und gefälligst zuzuhören, um zu gefallen: Erziehung zur Unmündigkeit. Ich nenne das die »Brave-Kind-Haltung«.

Und noch an einem Beispiel möchte ich zeigen, wie leicht und unbedacht man die Territorialrechte seiner Mitmenschen verletzen kann. Der Chef kommt schlechter Laune und noch ganz gefangen von seinem Ärger ins Büro und marschiert mit einem brummelnden »Moin« durch die Räume in sein Zimmer, ohne die Mitarbeiter eines Blickes zu würdigen. Sie sind sauer, denn er hätte sie mindestens ansehen müssen, als er ihr Territorium durchquerte; so aber haben sie das Gefühl, er habe ihnen seine Herrschaft demonstrieren wollen, und das lag gar nicht in seiner Absicht.

Jedes Tier markiert sein Territorium durch Ausscheidung, Haare, Sich-an-den-Bäumen-Reiben mit Geruchssignalen. Auch der Mensch »besetzt« mit seinem Körpergeruch, mit dem Duft eines Parfüms, mit dem Rauch seiner Zigarettenmarke oder dem Qualm seines Tabaks sein Gebiet. Häufiger allerdings markiert er es mit Gegenständen, die als sein Besitz kenntlich sind.

Ein Passagier steigt ins Flugzeug, belegt mit seiner Tasche den Sitz links und mit den Zeitungen den Platz rechts. Bittet ein Nachkommender höflich um Freigabe, erhält er zuerst einen intensiven Blick: Siehst du nicht meine Markierung?! Doch er besteht, und das Gebiet muß geräumt werden. Worauf der Eindringling demonstrativ

Gebiets-markierungen

Diese Geste ist nicht nur lässig und zärt-lich, sondern auch besitzanzeigend.

bestraft wird. Man schlägt wie abwesend die Zeitung auf und würdigt ihn keines Blickes mehr – eine Unperson.

Beziehen wir ein Hotelzimmer, so räumen wir zuerst unsere Sachen aus und markieren das Territorium: Kleider in den Schrank, Lektüre auf den Nachttisch, Schuhe neben die Tür, Toilettenutensilien ins Bad. Zum Schluß rauscht meist die Klosettspülung.

In Familien ist das Problem größer, weil man sich in das gleiche Territorium teilen muß. Die Ehefrau räumt morgens seine Sachen weg und betrachtet zufrieden die Signale ihrer Ordnung: Sie hat das Territorium wieder in Besitz genommen. Er kommt heim, legt die Jacke da über die Lehne, die Tasche dort auf den Tisch, die Brille

Eine meist unbewußte, doch unmißverständliche Gebärde: Mein Besitz ist unter meiner Hand.

neben den Sessel: Er markiert sein Gebiet. Die Ehefrau regt sich über die Unordnung auf – wo sie doch alles so schön saubergemacht hat. Aber der Streit geht nicht um Sauberkeit, er geht um territoriale Rechte. Die Ordnung ist wiederhergestellt, wenn jedes seiner Markierungszeichen an dem Platz ist, der ihm zugewiesen ist. Die Jacke gehört an seinen Haken, die Tasche neben seinen Schreibtisch, die Brille zu seinem Leseeck. Kinder verstreuen ihre Spielsachen in der ganzen Wohnung – am liebsten im Wohnzimmer, wo sie nicht hingehören. Sie hinterlassen ihre Signale. Und die Mutter räumt sie auf, trägt sie ins Kinderzimmer zurück, wo sie hingehören. Die Tochter hat in ihrem Zimmer eine herrliche Unordnung, die Mutter bringt während ihrer Abwesenheit wieder Ordnung rein. Undank ist der Welt Lohn: Du hast in meinem Zimmer nichts zu suchen – Krach. Territoriale Rechte und Markierungen sind verletzt. Wichtig ist: Es folgen immer die entgegengesetzten Signale – also auch eine ordentliche Tochter auf eine unordentliche Mutter.

Auf fremdem oder neutralem Territorium teilen wir die Gebietsansprüche halb und halb. Ein Tisch im Kaffeehaus gehört zur Hälfte mir, die andere dem Gegenüber. Wenn ich etwas ablege, achte ich darauf, daß ich diese Grenze nicht überschreite. Wenn die Speisekarte auf meiner Tischseite liegt, nehme ich sie selbstverständlich auf – liegt sie in seiner Hälfte: Sie gestatten? Wenn ich in die Zeitung vertieft bin und dabei das Gedeck so wegschiebe, daß es in sein Territorium eindringt, merke ich noch nebenbei, daß ihn das irritiert – und ziehe zurück. Jedes Eindringen in das Territorium des anderen wirkt wie eine Herausforderung: Er sperrt sich unwillkürlich. Das ist am Konferenztisch nicht anders. Wenn ich da meine Unterlagen dem Geschäftspartner vor die Nase schiebe, verprelle ich ihn, weil ich zuviel Platz beanspruche. Er zieht sich zurück, die Kommunikation wird zäh.

Ein junger Mann bewirbt sich um eine Stelle und möchte gleich zeigen, daß er ganz aktiv und energisch ist. Er kommt herein und sagt: »Guten Tag, ich heiße . . .« Und stürmt mit ausgestreckter Hand auf uns zu. Die Reaktion: Moment, nicht so viel Dampf, der Mann respektiert seine Grenzen und unsere Zone nicht recht, er wird sich nicht leicht unterordnen; hat er wirklich so viel Ambitionen?! Die künftigen Kollegen wittern gleich die Konkurrenz und gehen in Lauerstellung, ein zurückhaltender Chef empfindet ihn leicht als aufdringlich, ein Vertriebsleiter hält ihn für einen ganz kessen Vertretertyp. Aber all das hat der junge Mann vielleicht gar nicht beabsichtigt, er wollte doch nur Bereitschaft zeigen – und dabei hat er die Grenzen verletzt, die um uns markiert sind.

In dem Augenblick, da man ihm territoriale Rechte wegnimmt, fühlt sich jeder Mensch irritiert: Kein Mensch kann diese instinktive Reaktion ausschalten. Es mag sein, daß er sich mit seiner Unterordnung abgefunden hat und die Dominanz anderer akzeptiert –, aber daneben behält er immer noch ein Empfinden auch für seine eigenen territorialen Rechte. So entstehen Spannungen und Streitigkeiten aus territorialen Konflikten oft auch dann, wenn wir uns dieser Ursache gar nicht bewußt sind.

In der Öffentlichkeit und am Arbeitsplatz sind wir häufig gezwungen, unseren Territoriumsanspruch einzuschränken und enge räumliche Verhältnisse in Kauf zu nehmen. Das verursacht Streß und Stauungen, die immer wieder zu aggressiven Ausbrüchen führen. In den einst gepriesenen Großraumbüros ist man wieder dazu übergegangen, Trennwände zwischen den einzelnen Arbeitsplätzen oder Gruppen aufzustellen und hat dadurch das Arbeitsklima und die Leistung verbessert: Der Raum eines jeden ist wieder markiert, sein Territorium abgegrenzt gegen andere. Am Fließband kommt es immer wieder zu territorialen Überschneidungen. Die Arbeitsplätze liegen zu dicht beieinander, das Band läuft ein wenig zu schnell –, und schon steht man unter Territorialdruck, gerät in das Arbeits-Gebiet des Nachbarn, zankt sich über Bagatellen. Pausen sind notwendig,

Wer sich so über den Tisch lehnt, verletzt das Territorium des anderen!

um solche Konflikte bei wachsender Ermüdung zu verhindern und Gelegenheit zu gewähren, den bestehenden Stau abzubauen.

Es ist für uns selbstverständlich, daß wir das Territorium eines Stärkeren, einer übergeordneten Person respektieren müssen. Der Sachbearbeiter klopft an die Tür, die Sekretärin wartet auf grünes Licht oder das Ende des Telefongesprächs und ein einladendes Zeichen, ehe sie das Zimmer des Chefs betreten. Aber wie ist das umgekehrt? Respektiert der Direktor auch das Territorium seiner Sekretärin oder dringt er da ohne Ankündigung ein, weil er sie schließlich bezahlt, und sie von ihm abhängig ist? Wenn er es tut, wird er in ihr keine sehr freudige Mitarbeiterin haben, denn auch sie beansprucht ihre territorialen Rechte. Da kommt es nun zu einem Statuskampf, bis die richtig abgestuften Signale dem Rang beider entsprechend gefunden sind. Der Vorgesetzte wird kaum an die Tür zu seinem eigenen Vorzimmer anklopfen – das ist umständlich, zeitraubend und unter seinem Status. Doch er kann sich bemerkbar machen durch ein Räuspern oder deutliche Schritte, durch ein Zögern beim Öffnen der Tür, ehe er eintritt; oder die Tür bleibt ohnehin spaltbreit geöffnet. Irgend-

Die dominante Handbewegung der Sekretärin löst prompt einen mißbilligenden Seitenblick des Chefs aus.

ein Signal der Ankündigung muß auf jeden Fall erfolgen, damit seine Mitarbeiterin sich respektiert und in ihrem Reich sicher fühlt, auf sein Eintreten vorbereitet ist und sich arrangieren kann, wenn sie gerade die Lippen schminkt oder die Nase putzt.

Normalerweise hat dieser »Besuch« einen Anlaß: Ein Vorgang ist zu bearbeiten, eine Korrespondenz zu erledigen. Haut der verständnisvolle Chef diese Unterlagen auf den Tisch? Keinesfalls! Der Tisch ist ihr Tisch, seine Ordnung markiert ihr Territorium, und jedes abrupte Eindringen ist wie ein Einbruch, eine Aggression, erzeugt Widerstand, Abwehr, Antigefühle. Er wird die Papiere vielmehr nach einem verständigenden Blick auf den von ihr zugewiesenen Platz legen oder ihr mit einer Erklärung übergeben.

Jeder Besuch, ob im Nebenraum, im Büro oder privat, ist Eindringen in fremdes Territorium. Im privaten Bereich wirft das manche Probleme auf, weil nahe Familienangehörige und gute Freunde oftmals glauben, ihnen sei alles erlaubt, und sie könnten sich wirklich wie zu Hause benehmen. Die Schwiegermutter meint, der Sohn gehöre (noch immer) zu ihrem Territorium – aber das denkt die

Wer einen Vermerk so auf den Tisch der Sekretärin flattern läßt, verletzt gröblich ihre territorialen Rechte!

*Wie ein Adlerschnabel hackt der Zeige-
finger auf die Sekretärin ein – ihr abweh-
rendes Zurückweichen ist impulsiv.*

*Solche dominanten Hinweise wecken
zwangsläufig Unbehagen und Widerstand.*

*Das Hinweisen der offenen Hand findet
auch offene Antwort.*

196

Schwiegertochter mit größerem Recht auch; die gute Oma bewegt sich in deren Küche, als sei es die ihre ... Und nach ein, zwei Tagen solcher Überschneidungen ist der schönste Familienzwist da. Meist begreifen die lieben Verwandten das gar nicht und fühlen sich persönlich gekränkt, emotional abgewiesen. Dabei haben sie nur ihre territorialen Rechte überschritten, und das ließe sich mit einiger Überlegung und etwas Feingefühl leicht vermeiden.

Eine Engländerin erzählte mir einmal von einem amerikanischen Gast, den sie sehr mochte, an dem sie nur irritierte, daß er sich, ohne zu fragen, völlig ungeniert aus ihrem Kühlschrank bediente. Bei ihrem Gegenbesuch bedeutete er ihr, sie solle sich einfach etwas aus dem Kühlschrank holen, wenn sie Durst verspüre – wie das in Amerika üblich ist. Sie hat es nicht getan, weil es wider ihr Territorialempfinden war. Wir haben also auch zu berücksichtigen, daß territoriale Rechte je nach den Lebensgewohnheiten verschiedener Kulturkreise unterschiedlich ausgelegt werden.

Durch die Art, wie uns jemand beim Zutritt in sein Territorium begegnet, signalisiert er auch, in welchem Maße er uns akzeptiert. Die Beziehung, die er zulassen will, steht in unmittelbarem Verhält-

Eine freundliche und offene Begrüßung, doch die Gefühlshand bleibt unbeteiligt.

Entgegenkommen und einladende Handbewegung empfangen den Gast als Freund.

nis zum räumlichen Abstand, den er gewahrt sehen möchte. Ich klopfe deutlich an die Bürotür meines Chefs, bekomme keine Antwort und fühle mich verunsichert, weil man mich warten läßt: Anerkennung wird verweigert. Na schön, vielleicht hat der Mann zu tun. Dann kommt endlich das Herein. Ich öffne die Tür, und schon schießt der Herr Direktor hinter seinem Schreibtisch hoch: Ja, bitte?! Ich komme gar nicht über die Schwelle und kann nur sagen: Ja, nein – störe ich, Entschuldigung, auf Wiedersehn. Abgeblitzt mit einem kühlen Blick. Oder ich mache nach der Aufforderung zwei Schritte ins Zimmer, der Mann schaut abwartend auf und sagt: Ja, bitte? Damit signalisiert er: Fasse dich kurz, ich habe nicht viel Zeit! Er kann mich auch bis zur Zimmermitte gelangen lassen oder kurz vor seinen Schreibtisch – dies Sitzenbleiben oder kurze Anheben des Körpers verbunden mit Blick und Frage heißt immer noch: Mach's kurz. Aber dabei wird mir womöglich noch unbehaglicher; denn je weiter ich gehen muß, desto länger wird mein Fluchtweg. Bis ich endlich vor dem Schreibtisch stehe, ist meine Sicherheit dahin und mein Mut verloren.

  Will der Besuchte, der »Territorialherr«, dieses Unbehagen

In der Position hinter dem Schreibtisch signalisiert das offene und höfliche Platzangebot: Ich empfange dich in meiner Funktion.

Die zurückgehaltenen Hände zeigen: Handeln werde ich erst, wenn du mir entsprechende Impulse gibst.

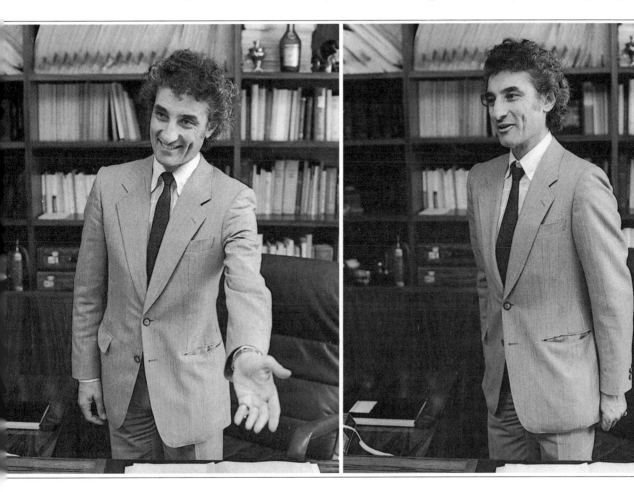

vermeiden und überhaupt: seinem Besucher freundlich begegnen, so erhebt er sich zumindest oder er kommt ihm entgegen. Wie weit er ihm auf seinem Territorium »entgegenkommt«, ist wiederum ein klares Signal. Steht er nur zwischen Tisch und Sessel auf, so bleibt er offiziell: Die Gegenstände, zwischen denen er sich bewegt, sind die Zeichen seiner Position und seines Amtes, auf denen er beharrt. Verläßt er diesen Schutz und tritt neben seinen Schreibtisch, so gibt er sich schon etwas persönlicher. Geht er auf den Besucher bis zur Zimmermitte zu, so ist er zu partnerschaftlichem Gespräch auf gleicher Ebene bereit, wahrscheinlich wendet man sich dann gemeinsam einem Arbeitstisch zu. Wenn der Gast ihm lieb oder übergeordnet ist bzw. wichtig scheint – dann eilt er ihm mit Sicherheit zur Tür entgegen und geleitet ihn in sein Zimmer. Ein bedeutsamer Besucher dringt nicht in ein Territorium ein: Ihm wird auf fremdem Territorium Schutz und Eskorte zuteil. Man empfängt ihn an der Grenze. Wir kennen diese feinen Unterschiede aus den Regeln des internationalen Protokolls. Sie sind nichts anderes als hochpolitische Ritualisierungen des natürlichen Territorialverhaltens.

Doch auch hier gilt: Andere Länder, andere Sitten. In arabischen Ländern ist es die größte Beleidigung, einen Gast vor der Tür warten zu lassen, selbst wenn man gerade einen anderen Besuch empfängt. Wahrscheinlich ist diese umfassende Gastfreundschaft aus den harten Bedingungen des Wüstenlebens entstanden: Man läßt einen Besucher nicht in der blanken Sonnenglut stehen, sondern öffnet ihm das Zelt und stillt seinen Durst. Das prägt dann auch die weiteren Gewohnheiten. Auch unter dem eigenen Dach dürfen sich Gäste in kleinen Gruppen absondern und einander ins Ohr flüstern – sie zeigen damit ja nur, daß sie den Gastgeber nicht stören wollen. Hierzulande gälte das als ungezogen – so wie umgekehrt ein Araber es als ungehörig empfindet, wenn wir ihn nicht sofort hereinbitten, aber als selbstverständlich akzeptiert, wenn wir mit einer höflichen Entschuldigung unser begonnenes Gespräch mit anderen fortsetzen.

Es gibt noch andere Zusammenhänge, die mit unserem Territorialverhalten verbunden sind, bei denen uns das auf den ersten Blick kaum einleuchtet. Zum Beispiel beim Auto. Nein, nicht das Auto selbst! Ein Porsche ist viel kleiner als ein VW-Bus, aber der territoriale Anspruch seines Besitzers erheblich größer als der des VW-Fahrers. Das hängt nicht so sehr vom Geldwert des Vehikels ab, sondern von dem Raum, den es bei der Nutzung seiner Funktionen beansprucht. Der Porsche ist schneller: Er gewinnt in der gleichen Zeit ein viel größeres Territorium und er braucht eine größere Bremsstrecke. Nach solchen Kriterien bemißt der Fahrer das Territorium, das ihm zusteht, und wehe dem, der darin ohne höfliche Ankündigung eindringt. Wenn er plötzlich vor mir ausschert oder meine Fahrspur schneidet, hat er mein Territorialrecht verletzt, auch wenn

dadurch überhaupt keine Gefahr entsteht. Ich reagiere mit Kampf-
signalen – Lichtblende, Hupen, Gesten, Verbalinjurien –, die ins
Lexikon des Territorialverhaltens gehören.

Oder die Zeit. Die Zeit, die einer besitzt, ist sein Eigentum,
sein Territorium. Keiner hat das Recht, es zu verletzen. Wenn er uns
drängt, setzt er uns unter Druck, er tritt uns zu nahe. Wir teilen
unseren Zeit-Raum ein und erwarten, daß diese Zeitgrenzen respektiert werden. Ein Kind wird böse, wenn wir es mitten im Spiel mit
einem Auftrag unterbrechen; es wird diese Bitte leichter akzeptieren,
wenn wir ihm zuvor eine entsprechende Zeiteinteilung ermöglicht
haben. Wenn einer unsere knappe Zeit mit Klatsch und Tratsch ver-
trödelt, sagen wir nicht nur: Du raubst mir den letzten Nerv!, sondern
auch: Du stiehlst mir die Zeit! Er nimmt uns territoriale Rechte und
beansprucht einen Zeitraum, der ihm nicht zusteht.

Und schließlich: Unser Wissen. Die meisten Menschen reagieren ungeduldig und aggressiv, wenn einer ohne Legitimation in ihr
Wissensgebiet eindringt. Sie dulden ihn nicht auf einem Territorium,
für das er sich nicht ausweisen kann, und weisen ihn zurück in seine
Grenzen. Nichts verletzt sie mehr, als wenn man ihre Autorität, ihre
Beherrschung eines Wissensgebietes nicht anerkennt; und sie reagieren aggressiv, wenn ein Fachfremder einen Sachbereich beansprucht,
in dem er sich gar nicht auskennt, der für ihn Terra nova ist, unbe-
kanntes Land. Um solche Konflikte zu vermeiden, gibt es territoriale
Markierungen: Berufsbezeichnungen, Meisterbriefe, akademische
Titel und hierarchische Attribute.

Hierarchische Signale und Statussymbole

Jede Gruppe schafft sich ihre soziale Ordnung. Ihr tragendes Gerüst
ist die hierarchische Struktur. In der Natur steht der Stärkste und
Erfahrenste an der Spitze dieser Machtpyramide, solange er sich
gegen die nachdrängenden Kräfte behaupten kann. Ihre Rangfolge
wird festgelegt durch das Maß an Stärke und Überlegenheit, das sie in
der ständigen Konkurrenz untereinander entfalten. Diese Rivalitäts-
kämpfe werden von allen Gruppenmitgliedern verfolgt und beachtet.
Ihr Ausgang entscheidet über Bestätigung oder Veränderung im Status
der hierarchischen Ordnung. Damit sind Privilegien, Vorrechte verbunden. In einer Affenhorde erhält das Oberhaupt den bequemsten
und wichtigsten Schlafplatz im Baum, der ihm den größten Überblick
gewährt: Um die anderen vor Feinden und sich selbst vor den anderen zu sichern. Er kann auch das beste Futter und jeden anderen
Schlafplatz – jedes andere Territorium! – beanspruchen: Aber kein
anderer diese seine Vorrechte. Durch die Achtung, die man ihm zollt

(Territorium!), werden die Dinge, die er beansprucht, zum Symbol seines Ranges: Statussymbole.

Es ist unter den Menschen nicht viel anders. Aber weil sie besonders vernünftige Lebewesen sind und eine besonders komplizierte Gesellschaftsordnung haben, ist bei ihnen auch eine Umkehrung der Ursachen möglich. Dann verleiht nicht ihre Überlegenheit und Erfahrung den Dingen Wert, die sie beanspruchen, sondern der Besitz dieses Dinges den sozialen Rang, das Symbol den Status. Und mögen sie noch solche Trottel oder Unmenschen sein. Das Kind, das im Mittelalter Reichsapfel und Szepter in Händen hielt, wurde als Imperator mundi, als Weltherrscher anerkannt; und der Borgia-Papst, der sich mit Tiara und dem römischen Krummstab präsentieren konnte, als oberste weltliche Instanz aller gläubigen Christen. Moderner gesehen: Ein Arbeiter weiß genau, daß er die Rangordnung der Bürohengste aus der Direktionsetage nach Marke und Typenziffer ihrer Firmenwagen einstufen kann. Symbolwert: Stärke und Bequemlichkeit. Und ein Konzernangestellter erkennt aus der Quadratmeterzahl eines Zimmers und der Art des Blumenschmucks – Blattpflanze oder blühende, Topf oder Vase, Natur oder Züchtung – ebenso prompt, wo er diesen Mann in der Hierarchie des Managements exakt einzuordnen hat. So fein und menschlich sind unsere Sitten.

Doch die Grundregeln sind etwas einfacher. Man muß (1) erwachsen sein, um als vollwertiges Mitglied der Gesellschaft anerkannt und zur Statusrivalität zugelassen zu werden. Man muß (2) dann durch Stärke und Größe in der Konkurrenz erweisen, welchen Status man verdient – oder sich zu erdienen imstande ist.

Kinder genießen also Sonderrechte in der sozialen Ordnung, weil ihre körperliche Reife, aber auch ihre Mitspracherechte noch nicht ausgeprägt sind. Sie sind weder im Kampf um Positionen noch in der Rivalität der Geschlechter Konkurrenten. Ihre Verhaltenssignale wecken bei den Erwachsenen Schutzbedürfnis und erlauben ihnen weitgehend Provokationen, weil sie gleichzeitig aggressive Reaktionen blockieren. Kleine Statur, glatte Haut und große runde Augen prägen ihr äußeres Erscheinungsbild. Zierliche Frauen machen sich diese Eigenschaften und die damit verbundenen Reizwirkungen gerne zunutze. Sie schauen mit großen Kulleraugen unschuldig in die Welt und wecken damit im Manne die Reaktionsblockade und seinen Beschützerinstinkt, der eigentlich auf Kinder programmiert ist. Doch auch Männer »machen sich klein«, wenn sie sich krank und elend fühlen, Mitleid heischen und verwöhnt werden wollen.

Das Erwachsenwerden ist nicht nur mit körperlichem Wachstum verbunden, also Größe und Stärke, sondern auch mit der Entwicklung der sekundären Geschlechtsmerkmale. Es schwillt die Brust, die Haare sprießen, und das Gesicht des Mannes ziert ein Bart. Die Akzentuierung dieser Signale betont auch den Erwachsenenstatus und

Ein unsicherer Vertreter: Die Hände umklammern den Griff des Aktenkoffers und halten ihn als Schutz vor den Körper.

zählt zum Imponiergehabe. Eigentlich müßten auch graue Haare, ein faltenreiches Antlitz, ein wohlgenährter Bauch oder eine Glatze begehrte Statussymbole sein, denn sie sind Zeichen des Alters, und Alter bedeutet Erfahrung, Weisheit und Besitz und verlangt Respekt und Achtung. In alter Zeit und in Naturgesellschaften ist das wohl auch so gewesen. Doch in der menschlichen Sozialordnung ist die Wertschätzung der natürlichen Signale ein wenig durcheinander geraten – im Falle des Alters könnte man auch sagen: Wir nähern uns wieder primitiven Maßstäben. Denn den höchsten Wert besitzen in westlichen Gesellschaften jugendliches Aussehen und kraftvolle Energie; als schritte man nie über die Höhe des Lebens hinaus. Man rasiert die Bärte, färbt die Haare, hält Diät, treibt kosmetische Pflege und tut alles, um nur jung zu scheinen.

Die Statussymbole unserer Gesellschaft sind
▷ Titel aller Art
▷ Politische Ämter und berufliche Positionen
▷ Besitztümer

Er stellt sein Angebot und sein Verhalten offen dar.

Im Grunde werden all diese Statussymbole mit materiellem Wert und gesellschaftlicher Macht gleichgesetzt. Mit Geld kaufe ich Territorium, erwerbe Macht und meinen Status. Geist gilt nur bedingt und sollte mit einem Titel und nachweisbarem Einfluß, also Macht verbunden sein. Doch die größte Wirkung zeigt der materielle Nachweis: Ein großes Haus, ein schwerer Wagen, teure Kleidung, kostbarer Schmuck, eine schöne Frau, ein reicher Mann. Statussymbole sind Orientierungszeichen für die anderen. Sie zeigen den gesellschaftlichen Rang und das soziale Gefälle; man kann die Machtverhältnisse zueinander danach einschätzen und entsprechend die Beziehungen untereinander aufbauen. Sie können allerdings auch so aufdringlich oder brutal benutzt werden, daß sie bei entsprechendem Rangunterschied im Unterlegenen Angst und Hemmungen erzeugen, und der menschliche Kontakt abreißt. Sie können auch auf andere Weise falsch eingesetzt werden. Ein Haus-zu-Haus-Vertreter mag zwar so viel Geld verdienen, daß er sich eine Krokodilledertasche und einen Maßanzug von Cardin leisten kann. Wenn er aber im Aufzug Frau Maier den patentesten Küchenquirl der Welt verkaufen will, wird er

So baut er eine Wand zwischen sich und den Kunden: Was hat er zu verstecken?

schwerlich Erfolg haben. Das Geschäft erscheint ihr windig, der Typ zweifelhaft: Mit seinen Symbolen trägt er einen unangemessenen Status vor sich her. Statussymbole werden akzeptiert, wenn sie adäquat sind. Inadäquate Statussymbole schrecken auf jeden Fall dann zurück, wenn sie Selbstüberhebung und Angeberei verraten. Untertreibung ist erlaubt, Understatement schon wieder ein Statussymbol der feinen Lebensart!

Denn auch Eigenarten der Verhaltensweise eignen sich als Symbole des gesellschaftlichen Ranges. Teure Anzüge kann sich jeder kaufen, der zu Geld kommt, aber die feine Lebensart erlernt man nur durch jahrelange Übung und Erziehung. So haben sich gesellschaftliche Eliten Verhaltensmuster zugelegt, an denen man die Zugehörigkeit zu diesem oder jenem Kreise sofort erkennen kann: Sie öffnen die richtigen Türen besser als jeder Mitgliedsausweis. Die nasale Redeweise der österreichischen Aristokratie, der Kasinoton der preußischen Offizierskaste, die nach unten gedrehte Gabel in der Hand eines englischen Gentleman, die Art, wie man sich in einer Jagdgesellschaft bewegt oder Banker ihren Dunkelblauen tragen – daran erkennen sich die Eingeweihten auch in fremder Gesellschaft und entlarven jeden Nachahmer oder Eindringling in ihrem Territorium als Etikettenschwindler.

Zum Beispiel: Ein Tisch

Die Markierungen eines Menschen in seiner Umgebung und die Art, wie er sich zu diesen Gegenständen verhält, sagen uns sehr viel über seinen Status, seine Gewohnheiten, Beziehungen und Eigenarten. Wir betreten eine Wohnung und machen uns aus ihr ein Bild ihres Besitzers. Wir treten in ein Arbeitszimmer und können aus der Position und dem Zustand des Arbeitstisches darin auf den Besitzer schließen.

Ein großer Tisch: Sein Besitzer richtet sich gerne bequem ein und nimmt seine Arbeit ernst. Er hält seine Aufgabe für wichtig und versucht das auch anderen zu zeigen. Wenn die Größe des Tisches nur den Status symbolisieren soll, erkennen wir das an seiner Dekoration. Ein kleiner Tisch: Sein Besitzer macht wenig Büroarbeit, oder er nimmt den Papierkram nicht allzu ernst. Aber vielleicht ist er auch nur bescheiden und ein zügiger Arbeiter, der die Sachen rasch vom Tisch kriegt und viel mit dem Telefon arbeitet.

Steht der Tisch in der Mitte des Zimmers, so dominiert er den Raum – stabiles Selbstbewußtsein.

Ist der Tisch in eine Ecke gerückt, so möchte der Besitzer aus sicherer Stellung eine Blickkontrolle über den ganzen Raum haben.

Er neigt dazu, alles wissen zu wollen, und traut seinen Partnern nur bedingt.

Ein Tisch an der Seitenwand verschiebt die Zimmerachse und vermeidet die direkte Konfrontation mit dem Eintretenden, verlangt von ihm Zuwendung. Darin steckt aber auch ein Überraschungselement: Der Mann dahinter versteckt seine Dominanz.

Natürlich richtet sich die Position des Tisches auch nach den Lichtverhältnissen im Raum; doch in welchem Maße sie darauf eingeht – das erlaubt schon wieder Rückschlüsse. Arbeitslicht, Gegenlicht, Seitenlicht, Kunstlicht – in welchem Licht zeigt sich der Besitzer?!

Ein Tisch, auf dem nur eine Akte liegt, spricht eine deutliche Sprache. Der Mann konzentriert sich auf die Sache, um die es jetzt geht, und erwartet, daß sie erledigt wird. Erst dann kann ich ein anderes Thema anschneiden.

Mehrere Akten in wohlgeordneter Reihe zeigen, daß diese Person mehrere Vorgänge im Auge hat und behandeln will, auch die Art ihres Zusammenhangs kontrolliert und sie deshalb in dieser Folge durchgehen möchte.

Ein Schreibtisch voller Aktenstapel in bunter Unordnung gehört meist nicht einem arbeitswütigen, sondern einem recht sprunghaft operierenden Menschen. In Gedanken ist er schon beim nächsten oder einem ganz anderen Fall und bringt das plötzlich auch auf den Tisch oder holt nach, was er da noch vergessen hat zu erwähnen.

Man muß diese Methode mitspielen, Geduld aufbringen, denn er läßt sich von seinem Gegenüber nicht auf ein Thema festlegen, zu viel anderes fällt ihm ein. Ein Tisch ohne Papiere ist das Höchste. Die Person dahinter hat einen Ehrensitz und verwaltet Repräsentationsfunktionen, verkündet Entscheidungen und entwirft große Projekte. Die Arbeit machen die anderen.

Die Utensilien auf dem Tisch können auch eine »chinesische Mauer« bilden, hinter der sich der Besitzer verschanzt hat. Parallel zur Tischkante ziehen Fotografien, Kalender, Schreibgeräte, Buchrücken und kleine Skulpturen eine massive Grenzbefestigung. Der Mann läßt niemand in sein Territorium eindringen und wird seine Entscheidung allein fällen, was immer wir sagen. Es sei denn, er öffnet die Mauer und räumt ein paar der Sachen beiseite – dann läßt er uns heran. Aber lieber bittet er uns zu diesem freieren Plaudern in die Sitzecke: Da bleibt seine Stammposition unberührt, und er verpflichtet sich zu nichts. Entscheidungen trifft er auf sicherem Territorium, hinter der Chinesischen Mauer.

Und noch etwas. Wenn der ganze Raum einen ästhetisch abgestimmten und gepflegten Eindruck macht, so weiß sein Inhaber auch eine kultivierte Unterhaltung zu schätzen und legt Wert auf ein niveauvolles Gespräch. Mit lockeren Sprüchen und platten Argumenten sollte man ihm nicht kommen, aber eine gute Darstellung und offene Darlegung kann ihn gewinnen. In einem sachlich nüchternen und funktional eingerichteten Büro dagegen können wir uns diesen schönen Aufwand sparen. Der Herr dieses Raumes arbeitet streng rationell und will nur die Kernpunkte hören.

Jeder Betrieb, jedes Unternehmen, jede Organisation haben ihre hierarchische Stufenfolge, in der wir durch unsere Funktion eingeordnet werden. Dieser Rang bestimmt auch – aber nicht allein – unseren gesellschaftlichen Status. Und schließlich tragen wir noch unser eigenes Bild in uns von dem, was wir sind und sein möchten. Diese drei verschiedenen Statuszuweisungen stehen in drei Vorstellungen des Ichs nebeneinander: So bin ich – so denke ich, daß man von mir zu sein erwartet – so möchte ich sein. Aber natürlich vermischen sich diese Ich-Bilder in unserem Verhalten. In seltenen ehrlichen Momenten sind wir wirklich selbst. Meistens versuchen wir, die Erwartungen anderer zu erfüllen. Und so zu sein, wie wir gerne sein möchten, gelingt uns fast nie. Jedoch – auch in den Signalen und Symbolen, in denen wir uns der Außenwelt zeigen, finden diese verschiedenen Formen und Vorstellungen Ausdruck. Das kann sehr kompliziert sein oder einfach zu erkennen. Ich möchte nur an einem simplen Beispiel darauf hinweisen.

Wir entdecken auf dem Schreibtisch das Minimodell eines Golfschlägers oder auf dem Aktenregal einen kleinen Tennispokal. Unser Gastgeber hat das dort in der stillen Absicht plaziert, um zu zeigen: Ich bin vielleicht Direktor, aber ich bin auch ein Sportsmann und habe noch andere Kriterien als die des harten Geschäfts. Ist er wirklich ein Sportsmann, und wir gehen mit feinem Gespür auf dieses Signal ein, so können wir auch mit einer fairen Verhandlung rechnen. Wenn wir aber merken, daß er diese »sportsmanship« nur als Statussymbol vorweist und der einzig bewegliche Teil an ihm der Schlüsselanhänger mit dem Porschesignet ist, dann ist es sicher ganz geschickt und schmeichelhaft, wenn wir ihn als sportiv behandeln – aber Fair play sollten wir von ihm nicht erwarten. Er möchte sein, was er nicht ist.

Rituale

Jedes Territorium ist von Grenzen umgeben, die es gegen die Territorien anderer abgrenzen und den eigenen Anteil innerhalb des gemeinsamen Territoriums einer Gruppe, einer größeren Gemeinschaft oder eines ganzen Volkes anzeigen. Diese Einheiten sind gegenüber gleichartigen Größen wiederum durch Grenzlinien geschieden – Stammesgrenzen, Landesgrenzen, Sprachgrenzen zum Beispiel. Was sich innerhalb meiner Grenzen befindet, ist mein Areal und mein Besitz. Wer sich innerhalb gemeinsamer Grenzen bewegt, identifiziert sich mit den Merkmalen und Zielen der betreffenden Gruppe und wird von ihr akzeptiert oder zumindest toleriert. Jeder, der außerhalb dieser Grenzen lebt und sich ihnen nähert, ist ein potentieller Eindringling: Er könnte feindliche Absichten hegen und unser Territorium verletzen.

Um diese Angst aufzuheben und ein friedliches Miteinander möglich zu machen, haben die Menschen eine Reihe von Ritualen entwickelt, durch die sie ihre freundlichen Absichten bei der Annäherung an ein fremdes Territorium signalisieren. Diese Rituale ändern sich von Kulturkreis zu Kulturkreis, doch allen ist ein Signal gemeinsam: Die offene Hand.

Begrüßungen

Die offene Hand zeigt, daß man in friedlicher Absicht kommt und keine Waffen trägt. Wir alle kennen aus den Bildern mittelalterlicher Kultur vom Abendland bis in den Fernen Osten die Szenen, in denen Waffenscharen zur Begrüßung die Waffen voreinander senken oder Ritter und Samurai ihre Schwerter ablegen, wenn sie eine fremde Burg betreten, sich zu friedfertigen Verhandlungen niederlassen. Bei manchen primitiven Völkern und den Begegnungen von Wüstenkarawanen kündigte man die friedliche Absicht schon von weitem durch großes Geschrei und wildes Gestikulieren an, damit der andere nicht denke, man schleiche sich in sein Territorium ein. Und die offene Hand signalisiert die Bereitschaft zu geben.

Mit offenen Händen präsentiert man die Gastgeschenke, mit denen man dem Status des anderen Ehre erweist und seine Gewogenheit erbittet. Das ist in allen Kulturen üblich und in manchen asiatischen Ländern zu einem so hohen Ritual entwickelt, daß die Art des Geschenkes und seiner Überreichung ganz genau den gesellschaftlichen Rang und die Wertschätzung der Beteiligten füreinander erkennen läßt.

In manchen orientalischen und östlichen Kulturen wird heute noch der Boden geküßt, auf dem der hohe Herr steht. Der Untertan, aber auch der Gast, demonstriert damit seine Unterwerfung. Die Skala dieser Geste gleicht einer Entwicklungsgeschichte menschlicher Sitten auf dem Wege zu demokratischem Selbstbewußtsein: Vom Sich-zu-Boden-Werfen und die Füße-Küssen über den Kniefall und den Bückling bis zum Neigen des Hauptes und dem Zugehen aufeinander mit aufrechtem Blick.

In Rußland und einigen Balkanländern hält man bei der Begrüßung einander mit den Händen an den Armen fest; symbolisch und praktisch werden damit die Hände außer Gefecht gesetzt. Dann küßt man einander brüderlich auf die Wangen – aber auch hier mit feinen Nuancen, die von Rangordnung und Wertschätzung abhängen. Der Kuß kann Wange an Wange in die Luft gehen, er kann direkt auf die Wange gedrückt werden oder sogar auf den Mund. Unter Männern ist das ein Zeichen hoher Anerkennung. Auch in romanischen Ländern sind Umarmung und Wangenkuß ein ganz ungezwungenes Begrüßungsritual, mit dem man Achtung und Sympathie ausdrückt.

In Indien und anderen asiatischen Ländern hält man die Handflächen zueinander und grüßt durch leichtes Beugen des Kopfes: Verzicht auf Territorialkampf und Bescheidenheit. In Japan liegen die Hände flach auf den Oberschenkeln, während man sich mit dem ganzen Oberkörper verbeugt – wie tief, das ist eine Frage des Ranges und Respektes. Früher wurde dieses Ritual bei großer Ehrerbietung oftmals wiederholt: Heute tauscht man statt dessen sofort die Visitenkarten aus, auf der auch Titel und Stellung vermerkt sind. Es ist gut zu wissen, daß nach japanischem Brauch diese Karte gleich gelesen und nicht weggesteckt wird! In den meisten Wüstenkulturen begrüßt man sich durch brüderliche Umarmung. Auch diese Zeremonie hat einen sehr praktischen Hintergrund: Die weite Kleidung verdeckt die Körperformen, aber durch die Umarmung entdeckte man eventuell verborgene Waffen!

Handreichungen

Im Unterschied zu den Kulturen Asiens und Afrikas, wo der direkte Augenkontakt bei der Begrüßung als unhöflich gilt und entweder vermieden oder sehr schnell abgebrochen wird, gehört der feste Augenblick im Westen unbedingt zum Ritual. Man schaut sich in die Augen, um zu zeigen, daß man zur Konfrontation fähig ist; doch man erklärt durch die übrigen Begrüßungsgesten, daß man auf territoriale Ansprüche verzichtet. In der Regel reicht man sich dabei die offene Hand.

Nicht so in Amerika. Dort zeigt man nur den offenen Handteller mit einem leichten Anheben des Armes und nennt den Namen des anderen – hi Jack, hallo Mr. Miller. Man hat sich erkannt, angenommen, dem Ritual ist Genüge getan.

Auch in England hält man auf Distanz, doch in sehr förmlicher Weise. Man tritt sich nicht nahe, sondern bleibt in einer Entfernung voreinander stehen, in der das Händeschütteln einfach unbequem ist. My home is my castle: Ein Gentleman zieht es vor, unnötige Kontakte zu umgehen. Eine angedeutete Verneigung genügt. Hände werden nicht geschüttelt.

Im deutschsprachigen Raum gehören der feste Augenkontakt und ein starker Händedruck fast zum Anstandsgebot. Jede Abweichung gibt einem schon den Schlüssel zu individuellen Einschätzungen in die Hand. Im Druck und Schütteln der Hände zeigen sich das Maß an Vitalität, Gefühl und Sachlichkeit, das einer besitzt oder gibt. Eine offene und energische Begrüßung sieht so aus: Die beiden gehen mit sicheren Schritten aufeinander zu und bleiben im richtigen Moment stehen. Das heißt, sie haben die Entfernung so genau abgeschätzt, daß sie ohne eigenes Stocken und ohne den anderen zur Korrektur zu zwingen, eine Standposition zueinander erreichen, in der die Distanz etwas größer als die Armlänge ist: Keiner kann den Körper des anderen attackieren. In gerader Haltung bewegt sich der Oberarm von der Brust weg und schiebt den Unterarm nach vorne: Die Hände treffen sich in der Mitte mit energischem Zugriff und werden kurz geschüttelt. Befreit sich der Oberarm nicht vom Körper, so deutet das auf eine Gefühlshemmung und zwingt den anderen

Man hält die Hand eines Menschen fest, damit er bleibt, weil wir seine Aufmerksamkeit brauchen.

näherzukommen, die Zurückhaltung durch Verkürzung der Distanz zu überwinden.

Kommt jemand allerdings mit gestrecktem Arm auf uns zu, so erweckt er zwar den Eindruck des Entgegenkommens. Doch in Wirklichkeit blockiert er damit unsere freie Bewegung und zwingt uns zur Zurückhaltung. Oft nützt er den gewonnenen Zwischenraum zu einer Verbeugung. Wenn er sich wieder aufrichtet und den Händedruck löst, erkennen wir, daß die Distanz weit größer ist als eine Armlänge: Er hat eine offene Annäherung vermieden und wahrt Abstand. Das Gegenteil geschieht, wenn der andere unsere Hand ergreift und zu sich zieht: Er vereinnahmt uns.

Ist der Handgriff zu stark, so baut er eine Blockade und läßt vermuten, daß der andere eine Unsicherheit überdecken will. Eine lasche Hand bei gleichzeitig lascher Körperhaltung weist auf ein Vitalitätsmanko, auf Desinteresse oder Gleichgültigkeit. Die Beachtung der Körperhaltung ist sehr wichtig. Denn wenn der andere aufrecht und offen dasteht, also auf Intensität und Aufgeschlossenheit schließen läßt, so besagt die lasche Hand lediglich: Laß uns sachlich mit-

Das kritische Nasenreiben der Frau hat Ursachen! Der Mann begrüßt sie zwar freundlich, doch der hart zurückgehaltene Nacken und die durchgedrückten Ellbogen verhindern jede Annäherung und wirken inadäquat.

einander umgehen und Gefühle aus dem Spiel, an näheren persönlichen Berührungen ist mir nicht gelegen.

Nimmt jemand unsere Hand nur kurz zwischen Finger und Daumen und bricht den Hautkontakt sofort wieder ab, so signalisiert er damit ebenfalls seine Abneigung, private Beziehung aufzunehmen. Eine andere Variante dieser Berührungsscheu: Einer gibt die ganze Hand, zieht aber den Handteller ein, so daß wir seine Hand nur am Rande berühren. Auch bei dieser hohlen Hand kommt es also nicht zu vollen Kontakten. Im Gegensatz dazu steht der väterliche Gruß: Die Hand wird zwischen beide Hände genommen und von ihnen umschlossen. Das ist eine dezente Form von Umarmung, die herzliche Zuneigung versichern soll.

Wenn jemand mit beiden Händen auf uns zukommt, weckt er meist Gefühle der Zuneigung und Anlehnung. Aber vielleicht will er uns nur manipulieren? Das ist sicher der Fall, wenn er mit der einen Hand die unsere ergreift und schüttelt, aber gleichzeitig mit der anderen unseren Ellbogen oder Oberarm umfaßt und festhält. Damit wird unsere freie Bewegung eingeschränkt, der andere kann mit seiner Linken ihre Richtung dirigieren. In der Andeutung von Umarmung offenbart er uns zwar seine Gefühlsoffenheit – aber zugleich möchte er unsere Reaktionen gerne unter Kontrolle haben. Das ist die Art von liebevollen, aber besitzergreifenden Menschen.

Mahlzeiten

Ernährung ist ein Grundbedürfnis, das Recht auf Nahrung ein Grundelement des Territorialrechtes. Jemanden, der sich ohne meine Einwilligung auf meinem Territorium von den Früchten meines Feldes und Fleißes nährt, vertreibe ich, denn er raubt mir meine Lebensgrundlage. Auch in der Gruppe sind durch erworbenen oder ererbten Rang und Besitztitel genaue Regeln festgelegt, wem welche Anteile des Territoriums und der Lebensmittel zustehen, die es hervorbringt. Gunstbeweise an nachgeordnete Gruppenmitglieder werden durch Einladung zum Essen verteilt, und die Tischordnung spiegelt die hierarchische Reihenfolge. Wer oben sitzt, besitzt den höchsten Status, und je weiter man in der Stuhlreihe nach unten zählt, desto geringer ist das gesellschaftliche Ansehen. Der Gast, den man willkommen heißt, die Person, die man aus besonderem Anlaß hervorheben will, erhält den Ehrenplatz: Oben, neben dem Hausherrn. Alle wichtigen Ereignisse werden mit Festen begangen: Hochzeiten, Taufen, Geburtstage, Begräbnisse, Siege, Verbrüderungen und hohe Besuche. Da wird nicht gespart, da wird vorgezeigt, was das Territorium hergibt; der Status und das Ansehen des Gastgebers erfordern es. Auch Essen ist ein Statussymbol und die Ritualisierung dieses Vorgangs im Ereignis unverkennbar. Das geht bis in die alltäglichen Gewohnheiten. Weil Essen auch Genießen ist, mit angenehmen Empfindungen und freudigen Gefühlen verbunden, drücken sich darin auch Eigenarten und Beziehungen der Menschen aus.

Eine Einladung zum Mittagessen signalisiert: Wir haben persönlich nicht sehr viel miteinander zu tun, aber wir kommen gut miteinander aus und wollen das fortsetzen. Die Einladung zum Abendessen geht einen Schritt weiter: Wir wollen einander besser kennenlernen, und dafür habe ich auch privatim Zeit. Werden bei dieser Begegnung die Ehepartner einbezogen, so akzeptiert das auch die Aufnahme vertrauter Beziehungen, geht wieder einen Schritt darüber hinaus: Wir müssen uns ja nicht nur treffen, wenn es um das Geschäft oder diesen Anlaß geht – vielleicht besitzen wir persönliche Berührungen?

Solche Nuancen werden auch unter der Voraussetzung rein privater, nachbarschaftlicher Beziehungen sehr genau registriert. Drei Einladungen zur Kaffeezeit und zwei zum Sektfrühstück – auch wenn dabei die Torten quellen und der Champagner schäumt – sind zusammen nicht so viel wert wie zwei zum Abendessen. Wer's nicht glaubt, mag nur an die Überlegungen bei der Zusammenstellung der Einladungsliste zum letzten Sommerabend denken – oder daran, wen er unter all den Verpflichtungen wirklich gerne einlädt. Es geht nicht nur darum, was man anbietet, sondern auch: wann. Bisweilen sind Rituale sehr präzise Formen des Sympathiebeweises.

Andererseits: Durch die Art meines Angebotes kann ich sehr wohl Feingefühl und Sympathie beweisen – auch zur Unzeit. Gehe ich in ein Nobelrestaurant, um meinen Gast zu beeindrucken, oder suche ich eines aus, das seinem Geschmack oder unserer Stimmung entspricht? Da kann die exotische Küche oder die gemütliche Atmosphäre den Ausschlag geben, nach strapaziösen Sitzungsstunden ein Biertresen oder eine Weinstube das richtige sein. Gewiß ist nur, daß unser Gast nicht nach der Höhe der Rechnung, sondern nach dem Maß an Einfühlung und Übereinstimmung beurteilen wird, was er von uns zu halten hat.

Gastlichkeit ist ein sehr zuverlässiges Verständigungsmittel – im guten wie im schlechten. Wir dürfen die kleinen Gesten nicht unterschätzen. Eine Tasse Kaffee, oder lieber Espresso? – ein Glas Tee, vielleicht mit Milch und Zucker? – einen kurzen Drink, Mineralwasser dazu? – oder einen längeren: Dieses Angebot befreit immer von territorialer Zurückhaltung und zeigt unser Bemühen um Öffnung. Man gibt, und er nimmt an. Wir sind aufeinander zugekommen, und keiner hat sich etwas vergeben.

In unserem Organismus ist jedem Körperteil eine Funktion zugewiesen. Am Bau der Knochen und Gelenke, an der Struktur der Muskeln und Sehnen, an der Art des Gewebes und der Nerven können wir die Eigenschaften erkennen, die ihn zur Erfüllung seiner besonderen Funktionen befähigen, durch die er seiner Rolle im Zusammenspiel des Körperganzen gerecht wird.

Rollenfunktionen

Auch in der gesellschaftlichen Organisation sind die Rollen verteilt. Der einzelne erfährt Selbstbestätigung und Anerkennung in dem Maße, in dem er seine Funktionen und Aufgaben erfüllt. Er übernimmt Pflichten und erhält dafür Rechte, die seinen Status und seine Position bestimmen.

Jeder Mensch wechselt in seinem Leben mehrmals die Rollen. Er ist Kind, Jugendlicher, Liebhaber oder Geliebte, Ehepartner, Vater oder Mutter, Schwieger- und Großvater... Jede dieser Rollen erfordert ihr besonderes Verhalten und eigene Signale, deren Rahmen, Rechte und Pflichten durch gesellschaftliche Regeln und Erwartungen festgelegt sind. Einige dieser Rollen muß er auch gleichzeitig spielen – er sollte sich als Ehemann nicht wie ein Großvater benehmen und als Vater nicht immer den erfahrenen alten Herrn spielen. Das verlangt eine ziemliche Flexibilität schon im vertrauten Kreise.

Er hat aber auch noch eine berufliche Rolle auszufüllen. Als Arbeiter oder Angestellter, Soldat oder Beamter, Arzt oder Anwalt, Manager oder Priester, Bankdirektor oder Politiker übernimmt er nicht nur eine Aufgabe im öffentlichen Leben, sondern auch die Verhaltensmuster, die mit der jeweiligen Rolle verbunden sind: Körperverhalten, Mimik, Sprache und äußere Statussymbole. Die anderen erwarten von ihm nicht nur, daß er seine Funktionen gut erfüllt – denn dafür werden ihm seine Rechte in der Gruppe und der Gesellschaft eingeräumt. Sie erwarten auch, daß er seine Rolle gut spielt, und sie ihn darin an den jeweiligen Verhaltenssignalen erkennen können. So wie auch er erwartet, daß man seine Rolle anerkennt und die mit ihr verbundenen Rechte selbstverständlich akzeptiert. Das funktioniert nur, wenn diese Rolle identifizierbar ist – an ihren spezifischen Verhaltenssignalen und Ausdrucksformen.

Wir können uns nur an diesen äußeren Zeichen, dem Habitus einer Rolle orientieren. Von einem Offizier erwarten wir Korrektheit und Entschlossenheit, von einem Bankdirektor Seriosität und kühle Vernunft, von einem Priester Toleranz und Verständnis – und diese Rollenfunktionen wollen wir in ihrem Verhalten und Auftreten wiederfinden, sonst scheinen uns ihre Träger unglaubwürdig. Ebenso erweckt derjenige Mißtrauen, der eine Rolle signalisiert, die ihm nicht zusteht: Ein Hochstapler.

Um diesen Erwartungen gerecht zu werden, bedarf es einer Identifikation des Trägers mit seiner Rolle, die nicht immer leicht ist. Man muß die Innenwelt der Person mit der Außenwelt der Rolle in

Eine kleine korrigierende Bewegung: Ich
möchte gefallen.

Die Befreiung vom Zwang der Form: Die
Hand schafft sich in einer spontanen
Bewegung Freiheit.

Die gesellschaftliche Etikette: Man macht
sich zu der Person, die man sein soll.

Übereinstimmung bringen. Aber zwischen dem Ich und dem Soll, zwischen dem, was man ist und sein möchte, und jenem, der man nach den Erwartungen sein soll, kann es zu Widersprüchen kommen. Sie müssen nicht aus Überforderungen resultieren. Sie können ebenso entstehen, wenn jemand der Auffassung ist, eine Rolle anders spielen zu müssen, als das allgemeiner Erwartung entspricht, eben auf seine Art. Solche Konflikte können Frustrationen, Verkrampfungen und Verklemmungen, Schuldgefühle und Angstzustände auslösen und zu inadäquatem Verhalten führen. Vielleicht ist aber auch die Rolle schuld, wenn wir sie nämlich allzu hoch einschätzen und idealisieren. Die Idealisierung einer Rolle macht sie starr und unbeweglich, sie verselbständigt sich und läßt keinen Platz mehr für das Ich. So erleben wir, daß Menschen zu einem Funktionsmechanismus ohne eigene Gefühle werden: Die Rolle hat sie vereinnahmt. Sie unterdrükken die Regungen ihres Ichs und verlernen es, mit ihren Gefühlen umzugehen.

Diese Gefahr ist besonders groß, weil in unserer prestigehungrigen Leistungsgesellschaft die Arbeitsfunktion absolute Priorität hat. Die Muster der Berufsrolle färben auch das private Verhalten ein und überdecken nicht selten die privaten Funktionserfordernisse. Streß und Erschöpfung tragen das ihre dazu bei. Wir alle kennen den empörten Familienaufschrei: »Du bist hier nicht im Büro!« oder »Spiel nur nicht den großen Boß!« Es ist schon schlimm, wenn heute jemand mit Stolz von sich behaupten kann, er lege zu Hause das Geschäft mit dem Mantel an der Garderobe ab. Sollte das nicht selbstverständlich sein? Doch tatsächlich tragen viele Menschen auch in der Familie noch ihre Berufsattitüden wie einen Schutz um sich und merken kaum noch, daß sie damit Barrieren bauen und ihren familiären Funktionen nicht mehr gerecht werden.

Das Kind des Bankdirektors braucht keine Anlageberatung, sondern einen Vater, der sich auch in Anwesenheit von Gästen nicht scheut, mit ihm unter den Tisch zu kriechen, und die Ehefrau einen Mann, der auch im Anblick der Nachbarn keine Angst um sein seriöses Ansehen hat, wenn er im Garten mit ihr und den Kindern herumalbert und sich mit Dreck beschmeißen läßt. Andernfalls wahrt er wohl seine Würde als honoriger Geschäftsmann und Respektsperson, aber er verliert seinen Wert als Vater und Ehemann, den Respekt und die Zuneigung seiner Familie. Denn diese Funktionen verlangen von ihm ein anderes Rollenverhalten.

Es kommt darauf an, am richtigen Platz zur richtigen Zeit die jeweils angemessene Rolle zu spielen, und das ist durchaus nicht immer die, die »man« erwartet, sondern jene, die der Partner erwartet oder braucht. Die Ehefrau sieht es sicher ganz gerne, wenn ihr Gemahl in großer Gesellschaft außer dem aufmerksamen Gatten auch seine souveräne berufliche Position hervorspielt, doch Sonntag mittag in der Küche ist ihr der fröhliche Hausvater lieber und an einem schönen Sommerabend der romantische Liebhaber. Der junge Mitarbeiter im Büro weiß die professionellen Qualitäten seines Chefs zu respektieren, aber manchmal braucht er einfach auch einen väterlichen Vertrauten. Der Freund schätzt einen prima Kumpel und weiß um seine Qualitäten, aber auf die belehrenden Ratschläge eines erfolgreichen Besserwissers kann er verzichten. Wenn wir die verschiedenen Funktionen unserer unterschiedlichen Rollen spielen, nutzen und erweitern wir nur die Fähigkeiten, die die Natur uns gegeben hat. Wir müssen sie in Gleichklang mit unserem Ich bringen, das ist richtig und wichtig. Doch im Bemühen um Flexibilität und dynamische Entwicklung erweitern wir dieses Ich und werden zu dem, der wir sein könnten: Ehepartner und Eltern, Freunde und Kollegen.

Unsere Erziehung und die Spielregeln der Gesellschaft sind darauf allerdings nicht angelegt. Sie sind mit Verhaltensmustern und Klischeevorschriften besetzt, die darauf abzielen, Erwartungen zu erfüllen und unsere Funktion im ganzen zu gewährleisten. Wir erhalten kaum Gelegenheit, unseren Wert selbst zu erforschen und zu bestimmen, sondern werden darauf konditioniert, unser Selbstwertgefühl nach unserem Nutzen für die Gemeinschaft auszurichten.

Zuerst hören wir von den Eltern, ob wir brave oder schlimme Kinder sind. Dann von den Lehrern, ob wir gute oder schlechte Schüler sind. Dann beurteilen die Arbeitgeber, ob wir etwas taugen und wieviel wir wert sind. Die Ämter und Behörden entscheiden, ob wir brave oder widerspenstige Bürger sind. Immer entscheiden die anderen nach ihren Erwartungen, und darum sollen wir sie erfüllen. Unser Selbstgefühl soll von ihrer Anerkennung abhängen, und deshalb müssen wir uns anpassen. Wir übernehmen die verlangten Pflichten und unterordnen uns, um dafür unsere Rechte zu erhalten. Damit die innere Balance nicht zum Teufel geht, tun wir so, als sei das die eigene freiwillige Entscheidung, und rechtfertigen diese Rationalisierung mit der Überzeugung, ohne unsere Leistung könnten die anderen gar nicht zurechtkommen. Das bringt scheinbar Gleichgewicht in die Rollenverteilung. Ich will das mit ein paar Szenen illustrieren.

Der Ehemann kommt nach Hause, wirft die Tasche in die Ecke, sinkt im Mantel auf den Stuhl, und *sie* ist immer noch nicht zur Stelle. Endlich erscheint sie: »Verzeih, ich hab was auf dem Herd.« Sie zieht ihm die Schuhe aus: »Reiß doch nicht so!« – »Entschuldige, es tut mir leid.« Sie bringt Schuhe und Mantel weg, holt die Pantoffeln, während er zum Sessel marschiert. »Verdammt, mußt du immer deine Sachen auf meinen Sessel legen!« – er reicht ihr mit unwirscher Gebärde das Strickzeug. »Ach verzeih, ich hab's gerade vergessen...« – »Wann gibt's endlich Essen?!« – »Gleich, kommt schon.« Brummen, Griff zur Zeitung, dann ist angerichtet. »Schmeckt es dir, ist es gut?« – Blicklos löffelnd: »Die Suppe ist zu heiß...« – So kann das einen Abend lang weitergehen: Er wird immer ein Haar in der Suppe finden, und so geht das eine Ehe lang.

Doch was ist, wenn er eines Tages selbst den Mantel aufhängt und die Schuhe auszieht, das Strickzeug beiseite legt und die Suppe wunderbar findet? Für sie käme es einer Katastrophe gleich, denn ihr ganzes Selbstwertgefühl müßte zusammenbrechen. Sie hat sich geopfert, alles für ihn getan, war immer für ihn da – und jetzt soll das alles nicht mehr gelten?! Sie ist fest davon überzeugt, er könne ohne sie nicht existieren – und nun kann er doch. Er hat die Abhängigkeit aufgehoben, mit der sie sich für ihre Unterwerfung schadlos hielt, und damit ihr inneres Gleichgewicht zerstört.

Natürlich gehören zu einem solchen Spiel immer zwei. Sie könnte die Unterordnung ja gleich verweigern und andere Spielregeln setzen, dann kann er sich auch nicht zum Haustyrann aufspielen. Wir können die Schuld nicht immer auf die anderen schieben, denn wir spielen ihr Spiel mit. Wenn ich die Erwartungen erfülle, ist das meine Reaktion und nicht ihre Schuld. Und wenn ich sie nicht erfülle, wird das zu ihrem Problem und ist nicht meines. Dann müssen die ande-

Ein warnender Blick, eine kommandierende Handbewegung: Du hast gefälligst zu parieren!

ren nämlich prüfen, ob ihre Erwartungen zu Recht bestehen, und ich das überhaupt machen will. Entscheidungen aus dem freien Gefühl des eigenen Wertes sind also unbequem für die anderen, weil man die Menschen dann so schwer einplanen und sich zunutze machen kann. Es ist leichter, ihre Entscheidungsfähigkeit durch feste Normen und Erwartungen von vornherein einzuschränken und ihr Pflichtbewußtsein zu pflegen. Bei Pflichtvergessenheiten bringt sie dann ihr schlechtes Gewissen schon wieder auf den rechten Weg. Das ist das Ritual gesellschaftlicher Erpressung.

Wirkliche gesellschaftliche Reife würde bedeuten, daß man den Menschen zuerst das Bewußtsein ihres eigenen Wertes und ihrer individuellen Fähigkeiten vermittelt. Sie sollen sich ihrer gewiß sein, ehe sie irgendeine Aufgabe anpacken. Ob sie die dann gut oder schlecht bewältigen, hat mit ihrem Selbstwert überhaupt nichts zu tun. Eine andere Aufgabe wird ihren Fähigkeiten besser entsprechen. Jedenfalls sind sie nicht dazu da, beliebige oder unangemessene Erwartungen anderer zu akzeptieren und zu erfüllen. Wenn ich im Bewußtsein meines Selbstwertes und ruhiger Einschätzung meiner

Ein suggestiver Blick, eine beschwichtigende Handbewegung: Das mußt du doch einsehen!

Fähigkeiten und Kräfte eine Verantwortung übernehme, dann erst erfülle ich nicht Erwartungen, sondern stelle mir selbst eine Aufgabe. Ich breche auch nicht zusammen, wenn ich sie nicht schaffe. Übernimmt man solche Aufgaben aber aus dem Zwang oder Ehrgeiz, anderen zu gefallen und ihre Erwartungen zu rechtfertigen, so führt das leicht zu Selbstüberschätzung und Überforderung. Das Selbstbewußtsein wird angeknackst, weil man versagt zu haben meint, die Selbstachtung erleidet Einbußen, weil man sich überschätzt hat, und Minderwertigkeitskomplexe stehen künftigen Aufgaben im Wege.

Natürlich ist auch mir klar, daß Abhängigkeitsbeziehungen zwischen mir und den anderen bestehen, und es für das Zusammenleben der Menschen unverzichtbar ist, sich in einem bestimmten Rahmen aufeinander verlassen zu können, sich in seinen Erwartungen nicht getäuscht zu sehen. Es gibt genügend Gesetze, die diesen Verhaltensrahmen festlegen, und manche, die ihn schon wieder allzusehr einengen. Denn gerade weil diese Abhängigkeit gegenseitig ist und für alle gilt, ist es für jeden und die Gemeinsamkeit aller von Nutzen, wenn dieser »Erwartungshorizont« nicht zu eng bemessen wird. Falsche oder zu hohe Erwartungen können den einen überbeanspruchen und überfordern, Minderungen des Selbstbewußtseins, psychosomatische Erkrankungen und Leistungsabfall zur Folge haben. Und der sie stellt, erleidet nicht nur Enttäuschungen, sondern erliegt zwangsläufig auch Fehlplanungen, die sein eigenes Leistungsvermögen reduzieren. Am Ende erweist sich, daß alle sich gegenseitig unter dem Druck von Erwartungen in ihren Entwicklungs- und Entfaltungsmöglichkeiten behindert und geschadet haben.

Übrigens ist das auf politischem und ideologischem Gebiet nicht viel anders. Wer dauernd die Meinungen von Marx oder Popper, von Keynes oder Freedman auf den Tisch bringt, erfüllt zwar die Erwartungen der Partei oder Gruppe, nach deren Anerkennung es ihn drängt. Doch als mündiger Bürger wird er sich damit schwerlich profilieren. Dazu muß er im Bewußtsein des eigenen Wertes und der Einschätzung der eigenen Fähigkeiten und Erfahrungen all diese Vorstellungen kritisch prüfen, sich aneignen und durch die eigenen Gedanken und Überlegungen mit seiner Farbe anreichern. Nur was man wirklich verdaut hat, sollte man wieder von sich geben.

Kleidungscodex

Wir haben eine bestimmte Art von Kleidung bereits als Statussymbol erkannt. Hier müssen wir sie noch einmal in ihrer Bedeutung als Rollensignal betrachten. In der Art, wie man sich kleidet oder was man zu welchem Anlaß trägt, identifiziert man sich mit einer bestimmten Gruppe oder einem bestimmten Ereignis, man betont seine Rolle. So ist es mit dem dunklen Anzug bei einer Hochzeit – silberne Krawatte! – oder einer Beerdigung – schwarzer Binder. Bei hohen Festlichkeiten und Empfängen schreibt die Etikette Frack oder Smoking vor – wer sich darin nicht präsentieren kann, verfehlt die Erwartungen und seine Rolle oder er bleibt zu Hause. In der Szene, der Gegenkultur, wendet man sich ostentativ gegen bürgerliche Kleidervorschriften – und entwickelt eigene. Ob das nun die Punks oder die Popper oder die Rocker sind – wer dem Ritual ihrer Aufmachung nicht genügt, gehört nicht zur Gruppe. Unter Studenten trägt man Jeans und Karos und Schafwolle und Omas Kleider nicht nur, weil das bequem ist, sondern auch, um eine bestimmte lässige Haltung zu demonstrieren. Wer auf der Hochschule mit Anzug und Fliege herumläuft, ist entweder Professor, angestellt oder ein Streber, der sich schnell nach oben anpassen will.

In früheren Zeiten war der Rollencharakter der Bekleidung noch eindeutiger festgelegt und einfacher zu erkennen. Im Mittelalter gab es strenge Kleiderordnungen, die bis auf die Zahl der Knöpfe und den Wert der Litzen bestimmten, was standesgemäß war, und unter Strafe stellten, wenn etwa ein schlichter Bürger diese Vorschriften übertrat und das Gewand anlegte, das nur eines Edelmannes würdig war. Man konnte an der Kleidung feststellen, welcher Handwerkszunft einer angehörte, und ob er Geselle oder Meister war. Diese klaren Erkennungszeichen verschwanden, als die strikte Standesordnung sich auflöste und die moderne Entwicklung gesellschaftliche Unterschiede so deutlich nicht mehr hervortreten ließ. Uniforme Kleidung hat sich nur in einigen Berufsgruppen behauptet oder durchgesetzt, in denen sie als Rollensignal notwendig und als Statussymbol wünschenswert war: Die Uniform der Soldaten und der Polizei, die geistlichen Gewänder, die Tracht der Orden, die weißen Kittel von Ärzten und Krankenpersonal, die Uniformen der Bediensteten bei Post, Eisenbahn und anderen Einrichtungen des öffentlichen Verkehrs, die Livree des Hotelpersonals und der Frack mit schwarzer Schleife bei einem vornehmen Kellner. Wenn wir genau hinschauen, erkennen wir freilich in einer ganzen Reihe vor allem alter Berufe noch die Rolleninsignien: Der Schurz des Schlachters wie des Schmiedes, die Mütze des Kochs und den Hut des Zimmermanns . . .

Doch wichtiger ist, daß auch die moderne Gesellschaft wieder eigene Konventionen entwickelt hat, die bestimmte Rollen mit bestimmten Kleidungsmerkmalen verbinden und die Art, wie man die Kleidung trägt, mit bestimmten Statusmerkmalen verkoppelt. Der blaue Anton des Arbeiters bleibt zwar im Fabrikspind hängen, und auch der graue Flanellanzug des Büroangestellten ist schon wieder der modischen Auflockerung durch den Einfluß der legeren Freizeitkleidung gewichen. Aber ein Direktionsassistent ohne Krawatte –

unmöglich. Je höher man in der hierarchischen Pyramide kommt, desto zwingender werden die Konventionen, desto mehr sagen die Abweichungen aus, die sich ein Rollenträger von der Norm seines Rollenverhaltens erlaubt. Bankleute, Geschäftsleute und Persönlichkeiten des öffentlichen Lebens, die wirklich Macht und Einfluß besitzen, tragen dunkelblaue oder dunkelgraue Anzüge. Ein Nadelstreifen ist gut und betont das konservative, traditionelle Element; die zurückhaltende Art der englischen Oberklasse oder die vornehme Unauffälligkeit des französischen Finanzadels. Ein Klasseausweis, geeignet für Chefbankiers, Aufsichtsräte und Präsidenten, die ihre Leistungsfähigkeit oder Kapitalkraft schon erbracht haben und sie nun aus abgehobener Position verwalten. Alerte Spitzenkräfte verzichten besser auf den Nadelstreifen: Bei ihnen signalisiert er eher wie bei Modegecks eine Möchtegern-Haltung. Rollendarsteller und beflissene Aufsteiger müssen ebenfalls vorsichtig mit dem Dunkelblauen und dem Nadelstreifen umgehen: Er entlarvt sie und erleichtert die Manipulation. Für entsprechende Streicheleinheiten von oben oder Bewunderung von unten sind sie zu jeder Willfährigkeit bereit. Derlei Schandtaten werden in den höheren Etagen zwar nicht mehr für kriminell erklärt, doch im Endergebnis versperren sie den Zutritt zum obersten Stockwerk. Da regiert ein geschlossener Zirkel mit eigenwilligen Zuwahlkriterien, bei denen Honorigkeit und Tradition plötzlich wieder eine bedeutende Rolle spielen.

Auf den Chefebenen zwischen Direktion und Vorstand sind auch Bequemlichkeit und Sportlichkeit noch zulässig. English Tweed und salopp zu tragende Sakkos zur rechten Gelegenheit sind erlaubt. Wer bequem trägt, hat es auch ganz bequem: Er schätzt eine angenehmere Umgebung und legt Wert auf einen guten Service. Die Sportlichkeit muß nicht echt sein. Golf und Reiten sind gut, die richtigen Clubfarben in der Krawatte und ein dezentes Vereinsabzeichen wichtiger als athletische Ambitionen. Die Bequemlichkeit darf nicht modisch sein – das wirkt so leicht unsolide. Auch bei Frauen – wenn man sie denn außer zu Besuchs- und Vorzeigezwecken in die höheren Ränge vordringen läßt – dürfen Kleidung und Schmuck nicht zu viel modischen Pfiff verraten. Zeitlose Eleganz wird bevorzugt; am besten Kostüme oder Rock, Bluse und Jacke, also eine Kleidung, in der die Herren der Schöpfung noch immer ihre männliche Dominanz wiedererkennen.

Geschmack kann auch als Signal dienen. Werbeleute, Innenausstatter und Architekten lieben auffallende Dessins und ausgefallene Einfälle.

Der schwache Punkt ist unten, bei den Füßen. Wir schauen uns im Spiegel an, und alles stimmt in unserer Kleidung – bis auf die Füße. Das sind sehr empfindliche Körperteile. Den ganzen Tag sind wir auf den Füßen – wörtlich oder bildlich. Hier enden die Reflexzonen aller Organe und Teile des Körpers, von hier strömt die Energie hinauf in den Flug unserer Gedanken und wieder zurück zum Boden, auf dem wir stehen. Die Füße sind ein sehr privater Bestandteil unseres Körpers. Sie wollen, müssen es bequem haben, weil wir sonst die eigenen Wurzeln abschneiden. Aber wir müssen sie mit Schuhen umhüllen, und die stehen dann oft im Widerspruch zum ganzen übrigen Teil unserer Kleidung. Oben signalisieren wir: So möchte ich sein. Unten zeigen wir: Das bin ich.

Alte und ausgetretene Schuhe lassen eigentlich selten auf Geiz schließen. Sie zeigen eher Anhänglichkeit und Treue, Abhängigkeit von eingefahrenen Gewohnheiten. Ihr Besitzer trennt sich schwer von vertrauten Beziehungen und wird manches tolerieren, um einen Wechsel zu vermeiden. Der Gedanke, neu anfangen zu müssen, schreckt ihn, denn neue Schuhe drücken, und die alten tun es schon noch eine Weile. Breite und bequeme Schuhe sieht man nicht selten unter einem ganz korrekten und eigentlich steifen Anzug. Der Widerspruch ist schon optisch klar. Der Mann will zwar die Erwartungen seiner Rolle ganz eifrig erfüllen, doch im Grunde ist ihm das alles viel zu umständlich und aufwendig. Tun wir also, was verlangt wird, aber machen wir's uns um Himmels willen nicht zu kompliziert und ein wenig kommod in der Abwicklung; ich bin eh froh, wenn ich wieder zu Hause bin. Aber verkauf mich deshalb nicht für blöd. Modische Schuhe erklären sich selbst: Modern sein um jeden Preis, das Heute gilt, Gestern ist vorbei, von Morgen reden wir später, und Bequemlichkeit ist mir so egal wie ruhiges Wohlbehagen. Dünne und schmiegsame Schuhe sind fein und teuer und bequem und elegant. Für solche Lebensqualitäten ist der Mann auch zu einigem Einsatz und zu Mühen bereit. Solche Schuhe halten nur, wenn man sorgsam mit ihnen umgeht. Derbe Schuhe und eine dicke Sohle verraten einen soliden Haushalter. Er wendet etwas auf, aber dafür muß auch etwas Dauerhaftes herauskommen.

Schlußwort

Nachdem wir von den Eiweißmolekülen bis zur gesellschaftlichen Großorganisation, von den Instinkten bis zu den Ritualen, vom Kopf bis zu den Füßen gekommen sind, möchte ich meine Bemerkungen zur Körpersprache als Ausdruck menschlichen Verhaltens mit einer Warnung schließen.

Glauben Sie nie an die Körpersprache, denn die Natur des Menschen ist voller Arglist und Selbsttäuschung. Es war bei einem Gastspiel in London, als ich das endlich erkannte. In der ersten Reihe saß ein sehr wichtiger, sehr bedeutender Kritiker. Ich bewegte mich

auf der Bühne. Er verzog seine Miene und sah unheimlich sauer drein. Ich habe mich bis zum Äußersten angestrengt, um mich selbst zu übertreffen. Aber in seinem Gesicht rührte sich keine Faser, der »Saure-Apfel-Ausdruck« war wie gebannt. Es war zum Verzweifeln. Nach der Vorstellung kam der Mann in meine Garderobe. Er trug noch immer dieselbe saure Miene, trat kopfschüttelnd auf mich zu, ergriff meine Hand, schüttelte sie und sagte: »Unbelievable . . . unglaublich!«

Ich habe dieses Buch nicht geschrieben, um meine Wahrnehmungen und mein Nachforschen als neue Erkenntnisse darzustellen. Im Gegenteil. Ich möchte damit die Aufmerksamkeit und das Gespür für bekannte und belegte Signale der Körpersprache wecken, deren Bedeutung uns durch die Gewohnheit des Alltags verlorengegangen ist. Wenn Sie diese Zeichen an sich und anderen jetzt wieder erkennen und als Mittel zu besserem Verstehen untereinander nutzen, dann haben diese Seiten meine Hoffnung erfüllt.